THE LIFE OF RUTHERFORD

海斯总统传

BIRCHARD

南北战争与
美利坚统一的再造

[美]拉塞尔·赫尔曼·康维尔 —————— 著
田帅 ———————————————— 译

HAYES

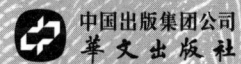
中国出版集团公司
华文出版社

图书在版编目（CIP）数据

海斯总统传 / (美) 拉塞尔·赫尔曼·康维尔著；田帅译. -- 北京：华文出版社，2019.7
（华文全球史）
ISBN 978-7-5075-5136-5

Ⅰ.①海… Ⅱ.①拉… ②田… Ⅲ.①拉瑟福德·伯查德·海斯—传记 Ⅳ.①K837.127=43

中国版本图书馆CIP数据核字(2019)第124168号

海斯总统传

作　　者：[美] 拉塞尔·赫尔曼·康维尔
译　　者：田帅
选题策划：华盛章也
插图供应：029—85504182
责任编辑：佟玉梅
出版发行：华文出版社
社　　址：北京市西城区广外大街305号8区2号楼
邮政编码：100055
网　　址：http://www.hwcbs.com.cn
电　　话：总编室010—58336239
　　　　　发行部010—58336212
经　　销：新华书店
印　　刷：三河市国英印务有限公司
开　　本：710×1000　1/16
印　　张：20
字　　数：260千字
版　　次：2019年7月第1版
印　　次：2019年7月第1次印刷
标准书号：ISBN 978-7-5075-5136-5
定　　价：80.00元

版权所有　侵权必究

出版前言

随着中国开放的大门越开越大,关注世界各国尤其是西方国家文明的源流、发展和未来已经成为当下世界史研究的一个热点,为了成系统地推出一套强调"史源性"且在现有世界史出版物中具有拾遗补阙价值的作品,我们经过认真论证,推出了"华文全球史"系列,首次出版约为一百个品种。

"华文全球史"系列从书目选择到人名地名的规范,从书稿中图片的采用到译者的确定,都有比较严格的遴选规定、编审要求和成稿检查,目的就是要奉献给读者一套具有学术性、权威性的高质量的世界史系列图书。

书目的选择。本系列图书重视世界史学科建设,视角宽阔,层级明晰,数量均衡,有所突出。计划出版的华文全球史中,既有通史,也有专题史,还有回忆录,基本上是世界历史著作中的上乘之作,同时也是填补国内同类作品出版的空白。

人名地名规范。本系列图书中人名地名,译名规范,重视专业性。同时,在人名翻译方面,我们坚持"姓名皆全"的原则,加大考据力度,从而实现了有姓必有名,有名必有姓,方便了读者的使用。另外,在注释方面,书中既有原书注,完整地保留了原著中的注释;也有译者注,体现了译者的研究性成果。

书中的插图。本系列图书的一个重要特征是书中都有功能性插图，这些插图全方位、多层次、宽视角反映当时重大历史事件，或与事件的场景密切相关，涉及政治、军事、经济、社会、外交、人物、地理、民俗、生活等方面的绘画作品与摄影作品。全景插图与文字结合，赋予文字视觉的艺术，增加了文字的内涵。

译者的确定。本系列图书的翻译主要凭借的是一个以大学教师为主的翻译团队，团队中不乏知名教授和相关领域的资深人士。他们治学严谨，译笔优美，为确保质量奉献良多。

"华文全球史"系列作为一套具有较高学术价值的优秀的世界历史丛书，对增加读者的知识，开阔读者的视野，具有积极的意义。但也要看到，很多西方历史学家虽然也包含着一些正确的即符合事实的观点，但很多都存在错误的历史观，甚至还有较多的史实的歪曲，对于这些，我们希望读者不要不加分析地对它们全盘接受或全盘否定，而是要批判地吸收外国文化中有益的东西。

华文出版社

2019 年 8 月

前 言

　　因为海斯总统并不喜欢过多地面向公众,也未曾想过留存一部有趣的传记,所以为了撰写海斯总统的传记而收集相关材料时,我们便面临着重重困难。如果再考虑到读者们,尤其是那些博学多才又善于批判的读者们的需求,这项工作便更是难上加难。

　　海斯总统的一生有很多值得歌颂的事情,但他从不炫耀。无论什么时候,无论做了怎样值得称赞的事情,他都会尽量隐藏自己。成为总统候选人时,他更是极力避免张扬和炫耀。他从未刻意去谋取过什么职位,似乎也不关心荣誉或者想着如何让自己变得不同凡响。无论做什么工作,无论在什么职位,他都能摆正自己的位置,尽职尽责地做好本职工作。对他而言,那些都是他应该做的事情,因此,他从未觉得自己做的事情值得被特别关注。当我们需要记述他的生平时,他这种低调给我们带来了诸多困难。

　　海斯总统无意撰写自传,也无意指定某个人为他编写传记,甚至于他都不想让我们写作此书,他似乎想小心地避开这样的宣扬。在为撰写这本传记做准备工作时,我们既不敢期望他能亲力亲为,或指派某个人来协助我们,也从未奢望从他那里获得太多独家故事,因此，我们完全是秉持着公正之心来写作的。如果本书中出现了任何偏袒或是为了海斯总统的名利而夸大其词的内容，我们非常欢迎各位读者批评指正。我们的职责是尽全力弄清楚可能存在的争议，尽管有时候没有他的支持，我们有可能无法完成此项工作。但有一点是可以肯定的，那就是这本书一定是独立、真实的，本书的内容不会因海斯总统本人或其社会关系而做任何改变。

在我们的眼中，海斯总统是一位和蔼可亲的人。他乐于为我们的工作提供帮助。虽然我们十分感谢他的友善，但读者们不必担心，这些并不会影响我们对他及他工作的判断。我们会尽我们所能地保证本书的公正、独立。本书所要表达的主题与我们的意愿和喜好无关。当然，如果本书不能在一定程度上体现公认的社会美德，如与人为善、以礼待人等，或者不能向读者展现出真实的海斯总统，那么我们将不会考虑其出版事宜。

在此，我们要感谢海斯总统的亲人和好友，没有他们的热诚帮助，我们很难顺利完成本书。在这些人当中，我们尤其要感谢海斯总统的私人秘书阿尔弗雷德·E. 李上校，来自辛辛那提的斯坦利·马修阁下、M.H. 怀特少校、R.H. 斯蒂芬森、A.J. 瑞德威阁下、前任政府领导人爱德华·F. 诺伊斯先生，来自特拉华的T.C. 琼斯、E.C. 威宁、厄斯纳·史密斯·沃森夫人、S.M. 凯尔布尼夫人、克拉瑞萨·海斯·穆迪夫人与梅斯，以及同样来自特拉华的比奇和波德特。在研究海斯总统生平的过程中，我们走访了很多城市和小镇，受到当地人的热情接待。他们给我们留下一段段美好的回忆。在俄亥俄州，就连报童都不失绅士风度。我们向那里的人询问了无数问题，大多数人虽然都不知道我们为什么问这些问题，但还是给予了我们礼貌且真诚的回答。在那里，我们与上班的人交谈，随手记录下听到的

前 言

一切；在那里，我们遇到的每一个大人或小孩都乐于为我们提供便利，满足我们的合理请求。

这是一次丰富的经历，整个工作进行得格外顺利。和这样一群人在一起时，我们觉得无比舒适。每个人——上至高高在上的总统，下至角落里身份卑微、脏兮兮的擦鞋童，都充满了绅士风度，他们的慷慨甚至超过了热情好客的古代德国人。

纯洁、勤劳、慷慨的人啊，你们友善的笑容、亲如手足般的关怀、甜美的食物让我们感受到人性的善与美，它们将会永远镌刻在我们的心中。现在我们似乎为之前的困惑找到答案了。为什么俄亥俄州能孕育出如此多的领袖和士兵呢？为什么它的影响会如此深远，遍及国家的各个角落呢？这都源于这里彬彬有礼的人，他们总是先人后己。人与人之间的交谈是那么亲切友好，每个人的内心都有着极强的荣誉感和对智育文化的高度重视。如我们之前所见到的那样，这便是我们几天前看到的俄亥俄州人。向他们伟大的心致敬！

说 明

　　海斯总统的成功吸引了整个国家的目光,将他一生的所为,以及对他产生影响的其他人的行为以通俗易懂的文字载入史册,方便大众阅读既是一件乐事,也是我们的职责所在。我们将一步一步地去追溯一位伟人的成长历程,去记录是怎样的一些人和怎样的一些事,在某个特定的时间内造就了这样一位伟大的领袖。毋庸置疑,在人类社会中,统治权力是最具说服力的,但美国人民更清晰地证明了这样一个真理,那就是"一个伟人的成就总是离不开坚定的信念和明确的目标这两样品质"。

　　这部《海斯总统传》只是向读者朋友们浅显地介绍了海斯总统最真实的一面,介绍了他是如何被上自富人、下至贫民的社会各阶层选举出来,去担任一国总统,处理一切政务的。选举本身如同一次巧合,无论是穷人还是富人,无论是本地人还是外来人,大家的选择都惊人地一致。当然,这里肯定少不了一个清晰明确的计划。无论是追随上帝的旨意,还是探索每个人在他们不同领域的分工,这都是一次颇具提升性和建设性的锻炼。因此,为了让读者能够领会上帝与人类之间的交流,以及领悟这次交流带来的实惠,写这部传记就成了一种责任,一种担当。

说　明

人们曾一度认为，只有士兵才能理所当然地梦想成为总统，但约翰·亚当斯、詹姆斯·麦迪逊、约翰·昆西·詹姆斯及马丁·范布伦这几位总统的当选，彻底地推翻了这一理论。然后人们开始觉得，要成为总统的人必须拥有足够优秀的童年，并攀得学业的最高枝，但安德鲁·杰克逊和詹姆斯·诺克斯·波尔克总统的当选又推翻了这一观点。于是，人们再次受到启发。他们认为想要具备做总统的资格，就得出身贫寒，就得与贫穷抗争，但富兰克林·皮尔斯和詹姆斯·布坎南总统的当选又否定了这一论点。当安德鲁·杰克逊当选总统时，每位雄心勃勃的政治家都开始咒骂命运的安排，上帝竟然让这个"老山胡桃"（安德鲁·杰克逊的绰号）活跃于人世间；当马丁·范布伦总统入主白宫时，他们又开始懊悔，为什么他们没有受到完美的教育，没有将全部青春时光用在学习政治经济学上；当威廉·亨利·哈里森当选总统时，他们又立刻为自己的孩子选择了医学专业；当扎卡里·泰勒成为一国元首时，他们什么也不想，只想着与墨西哥人和印第安人一决高下；当亚伯拉罕·林肯坐上这个令人垂涎的宝座后，他们又懊悔自己为什么没有在平底船上长大，为什么没有机会获得劈木头或者盖木屋这样的无上荣誉。

不过，通过对诸位总统生平的研究，我们足以得出这样一个结论：总统的选定与一个人的出身、地位、职位、宗教信仰及天赋才能毫无关系。因此，到目前为止，人们还是无法预言四年一次的总统大选，正如那句老话说的，"预先选定的候选人注定不是候选人"。这种事看起来真的无法渴求，获得此等殊荣的唯一道路就是做好自己的事，诚心诚意、脚踏实地做好任何事情。在"人民之声即是上帝之声"的国家，美国总统看上去就像是被上帝亲自挑选出的人。我们无法知道国家在四年后需要什么，也无法预估未来会发生什么情况。我们也无法知道接下来将会是怎样的一个人为我们的国家掌舵。然而，一些基本的原则仍然不可丢弃，想要在一个开明的集体里平步青云，有些品质，比如诚实、公正、爱国，不可或缺。我们愈歌颂这些品质，人们就愈会把它当作成为总统的必要条件。这样一来，我们的政府和我们的国家才会更加稳定。

  在公众面前，综合地谈一位伟人的一生，本就是每位作者庄严的使命，更何况上天也为作者们提供了这样一个机会。正是在这样的精神支持下，我们开始撰写这本《海斯总统传》。人类不是预言家，不能预知一个人一生中错综复杂的事情的最终走向，但当我们把它们呈现在公众面前时，人们就能够看出其中的因果关系，就能够近距离地欣赏一位伟人的领导艺术。同时，在赞叹那个伟人的无所不知时，他们更会努力地培养他们所赞扬的品质。在本书中，我们就为大家呈现了这样一位值得大家去学习的传奇人物。通过学习和追求，我们将变得更加睿智，更加优秀。让我们一起来满怀欣喜地开启这一篇章吧。

目　录

第 1 章　海斯的故乡 / 001

特拉华早期的定居者——特拉华的发展——俄亥俄卫斯理大学——海斯总统的父亲——海斯总统出生的地方——住所的描述

第 2 章　海斯的祖先 / 005

海斯家族和拉瑟福德家族的祖先——海斯家族的家族徽章——定居康涅狄格州——迁居佛蒙特殖民地——海斯总统父亲的早年生活——索菲亚·伯查德

第 3 章　迁居俄亥俄州 / 013

海斯总统的父亲决定迁徙——购置土地——俄亥俄州之行——酿酒厂——大瘟疫——海斯总统的父亲去世——海斯总统父亲的墓地

第 4 章　海斯出生 / 019

海斯的父亲去世——厄斯娜·史密斯——萨迪斯·伯查德——拉瑟福德·伯查德·海斯的出生——年幼体弱的海斯——海斯的哥哥劳伦佐·海斯溺水身亡——哥哥的死对母亲的影响

第 5 章　海斯的童年和他的学生时代 / 024

海斯的童年——海斯的玩伴——姐姐范妮的教导——"好男孩"的成功——姐弟情深——备考大学

第 6 章　大学生活 / 026

选择大学——萨迪斯·伯查德的观点——在甘比尔——大学生活——给叛逆学生的演讲——海斯喜欢的运动项目——大学毕业

第 7 章　成为一名律师 / 031

律师事务所的实习——去哈佛法学院——合作伙伴——移居辛辛那提——加入辛辛那提文学俱乐部——斯坦利·马修

第 8 章　海斯的第一个办公室 / 038

事业上升期——谋杀案——托马斯·尤因的评价——市议会的请求——竞选法官——工作欲望增强

第 9 章　南北战争爆发 / 041

决定入伍——伯内特步枪——海斯的观点——西弗吉尼亚州——驻防克拉克斯堡——参谋——卡尼菲克斯战役——斯坦利·马修上尉离任——海斯少校晋升——大军远征——调入俄亥俄州二十三团指挥部——袭击普林斯顿

第 10 章　在弗吉尼亚西部的战斗 / 053

部队遭受猛烈攻击——邦联军人数众多——且战且退——抵达华盛顿——晋升为上校——和老部队的感情——进军马里兰州

第 11 章　南山战役 / 058

凯拓克廷谷的地貌——军队出现——下达进军令——散兵线——邦联军的霰弹筒——海斯上校受伤——J.C.康姆利少校接替指挥——海斯上校重返战场

第 12 章　负伤和升迁 / 068

负伤的影响——妻子的寻找——晋升为二十三团团长——加入卡诺瓦团——阻止摩根从俄亥俄州逃脱——度过一年安静的军旅生活

第 13 章　克洛伊德山战役 / 077

目 录

进军卡纳瓦——克洛伊德山——海斯上校的任务——邦联军的防御工事——海斯上校的指挥——捷报频传——惨烈厮杀——突破邦联军防线——长途涉险——难撤退——抵达弗吉尼亚——抵达斯汤顿

第 14 章 林奇堡战役 / 083

行军第一天——前往林奇堡——邦联军出现——夜间撤退——海斯作战旅英雄般的表现——行军的艰难——海斯在布福德山口的防守——被邦联军包围——一位军官的日记

第 15 章 谢南多厄谷战役（上）/ 091

与朱巴尔·安德森·厄尔利部交战——海斯上校率部掩护主力部队撤退——卡诺瓦师菲利普·谢里丹将军的选择——深入敌后——俘虏——贝里维尔战役——尤利西斯·格兰特将军的命令——温彻斯特战役打响——海斯上校的作战旅发威——海斯上校史诗般的指挥——击败朱巴尔·安德森·厄尔利——邦联军在北山的侧翼

第 16 章 谢南多厄谷战役（下）/ 104

锡达溪战役——朱巴尔·安德森·厄尔利率部夜间行军——约瑟夫·索伯恩作战旅失利——海斯上校撤退——海斯上校英勇奋战——海斯上校率部支援菲利普·谢里丹——海斯上校昏迷——菲利普·谢里丹的行动——朱巴尔·安德森·厄尔利败退——海斯将军的军人本色

第 17 章 开启政治生涯 / 114

加入辉格党——对丹尼尔·韦伯斯特的崇拜——辛辛那提第一俱乐部——参加废奴大会——首度提名——在辛辛那提的口碑——在大联盟会议的决心

第 18 章 得到国会提名 / 119

海斯将军的话——海斯将军的经典回复——1864 年大选——人们对海斯将军的一致评价——州长提名——俄亥俄州士兵们的决定

第 19 章 在国会 / 123

关乎荣誉的选举——海斯将军的能力——在众议院的沉默——无关紧要的职位——日益提升的影响力——知名作家的描述——返回俄亥俄州——敌人与朋友

第 20 章 关于《宪法修正案》的演讲 / 134

海斯将军的第一次政治演说——1866年的议题——公众下的演讲——关于《宪法修正案》的演讲——重建科贝尔计划——联邦政府的计划——安德鲁·约翰逊总统的计划——安全方案

第21章　俄亥俄州州长 / 164

获得俄亥俄州州长提名——前途渺茫——"白人"这个字眼——八十一场演讲——海斯将军的选举——1872年自由运动——海斯将军败北——淡出公共视野

第22章　政治演说教科书 / 170

海斯将军的用词——政治信条——人生的动力——管理原则——守卫国家

第23章　海斯将军的家 / 175

萨迪斯·伯查德去世——海斯将军继承遗产——海斯将军不再打算追求政治上的升迁——海斯将军在弗里蒙特市的演讲

第24章　得到国会提名 / 185

又一次应邀领导政党——威廉·H.塔夫脱法官的支持——海斯将军不想当州长候选人——海斯将军在马里昂的演讲——硬通货——学校问题——天主教的投票人——选举的胜利

第25章　海斯将军的演讲摘录 / 207

改革——以美元支付国债——发行债券——政党历史——黑人选举权——法律面前人人平等——管理国家事务——喷泉的贡献——士兵纪念碑的贡献

第26章　总统提名 / 272

共和党大会提名——意想不到的荣誉——海斯将军的记者招待会——接受信——公务员——货币——公立学校——南北关系——结束语——竞选

第27章　总统大选与就职典礼 / 284

选举委员会——海斯就任总统——参议院——演讲——开放的新一届政府

译名英汉对照 / 295

第 1 章

海斯的故乡

特拉华早期的定居者——特拉华的发展——俄亥俄卫斯理大学——海斯总统的父亲——海斯总统出生的地方——住所的描述

我们这部传记的主人公拉瑟福德·伯查德·海斯出生于俄亥俄州中部的一个县城——特拉华。像俄亥俄州的很多县城一样,特拉华也位于奥伦丹吉河西岸。多泥的奥伦丹吉河是俄亥俄河支流赛奥托河的支流,宁静的河面下满是淤泥。每逢安息日,这里的人们都会去教堂做礼拜。每个家庭都会送子女去学校,他们勤劳、节俭、爱聊天。

表面上看来,特拉华的位置是早先来此定居的人选定的,但其实在他们之前,因为附近有数百英亩肥沃的土地,所以印第安人的一支——特拉华人早已在这里定居。不过,后至的新英格兰①移民考虑更多的是这里水利资源充足,能够满足生产制造的需要。但随着移民潮的到来,用水量剧增,这里的少量降水根本无法满足他们的需求。这时,特拉华的周围也发生了不小的变化——出现了茂密的树林、肥沃的耕地和一些豪华的私人宅邸。尽管如今的特拉华以

---

① 地理学名词。新英格兰包括今缅因州、佛蒙特州、新罕布什尔州、马萨诸塞州、罗得岛州和康涅狄格州。——译者注(本书除原注外,均为译者注,不再另行说明)

宽阔的街道，长方形的砖块，时髦的宅邸，数不尽的吊桥、铁路，以及报纸和大学而著称，但因为当时没有锯木厂，所以用随处可见的砖石去建造一个小村庄要比用木头容易得多。

1817年，特拉华有约四百户人家，他们几乎都是新英格兰人。第一位来此定居的人是比克斯比先生，来自马萨诸塞州的伯克希尔县。很快，比克斯比先生就有了许多邻居。他们分别来自缅因州、新罕布什尔州、康涅狄格州、佛蒙特州及马萨诸塞州。与新英格兰人带来的资产相比，他们的开拓精神、充沛的活力、诚实和耿直更有意义。最初，这里的校舍、教堂和法院挤在同一座大楼里，但人们很快发现，无论如何，学校都不能和法院长期共处。

投机心理和赌博毁掉了很多人，大量的西部城镇再也无法恢复平静。以前的黄金地段早已今非昔比，人们都在想方设法通过其他方式获取财富：要么通过继承父母的财产，要么通过自己的辛勤劳作。有位学者曾说特拉华有一处银矿。直到现在，很多老人还相信银矿的确存在。但生活在这里的勤勤恳恳的人根本不相信一夜暴富的神话，所以他们从未将此事放在心上。然而，一旦起了涟漪，平静的水面就再也无法恢复平静了。

当时，特拉华准备在一座美丽的小山上建一座时尚的河滨浴场。清澈见底的泉水从小山的一侧潺潺淌过。也许是因为西部人喜欢养生，也许是因为他们自负地想要做一番大事，总之，泉水得天独厚的疗效和引人入胜的环境让他们抛开顾虑，来此定居。不过，体弱多病的人并没有蜂拥而至，因此，河滨浴场宣告失败。后来，人们纷纷购置地产，兴办俄亥俄卫斯理大学，并持续不断地资助它。如今，俄亥俄卫斯理大学已经成为俄亥俄州最有影响力的大学之一。

尽管没有制造业和商业的收益支撑，但从某种意义上说，特拉

第1章 海斯的故乡

华的成长速度还是非比寻常的。有位老人曾说:"我们从不关心如何发家致富,与发家致富相比,我们更关心能否有一个好邻居。"老人的话一定是发自内心的,这里的第一所房子建于1802年。接下来的几年间,他一直孤零零地待在那里,一个邻居也没有。然而,到了1817年,当海斯的父亲举家迁到这里时,特拉华已经相当繁荣,几乎具备了一个乡镇应具备的一切,既有小木屋,也有坑坑洼洼的道路,还有随处可见的印第安人及热病和疟疾。同时,布道所、主日学校、走读学校、祷告会、辩论会一应俱全。这里甚至还有许多唱诗班。说起这些唱诗班,老人们还是充满热情的。其中,不少唱诗班都是海斯父亲资助的。唱诗班大部分是年轻人,他们所唱的歌曲大多是之前用于宫廷的古典音乐。

因此,应读者之需,我们将尽最大努力去深入探究1822年海斯的出生地。海斯出生的前五年里,他父母居住的地方没有任何变化,它的风格就像我笔下的海斯一样,勤劳,安静,谦逊。海斯的父亲盖的房子,即海斯出生的地方,现在仍在邻近桑达斯基大街的威廉姆斯大街上。尽管现在它和其他建筑挤在一起,其前墙的石头也发生了一些变化,但它的轮廓仍然与初建时无异。房子的主体部分分两层,是用砖砌起来的,屋顶向两侧倾斜,其中一侧朝向大街。墙壁的中央是前门,门两侧各有一间屋子。第一层的屋子有四个造型普通的木制框架的窗户,正门两边各两个;第二层屋子的阳面上有五个窗户。屋顶盖着木瓦,隔板整齐地覆盖着L形伐木和其他木质结构做支撑。建房的砖块长三十英尺,宽二十英尺。L形伐木长三十英尺,宽十五英尺。由长木条修建的走廊贯穿一旁,偏僻的角落有一口井。

再次搬家时,海斯的父亲卖掉了这所房子。后来,它的新主人

海斯总统的出生地

将房子前面的屋子与大厅打通,将第一层的四个窗户改成了两个大橱窗,于是,这所房子就变成了一个商店。现在,该商店的主人是一个家具经销商,人们早已忘记海斯的父亲及其家人曾在这里生活过,但最近发生的一些事情却勾起了他们的回忆。

第 2 章
海斯的祖先

海斯家族和拉瑟福德家族的祖先——海斯家族的家族徽章——定居康涅狄格州——迁居佛蒙特殖民地——海斯总统父亲的早年生活——索菲亚·伯查德

追溯海斯家族的历史时,我们发现,他们家族辉煌了很长时间。不过,海斯家族的人似乎并不在意这些。海斯家族的历史最早可以追溯到 1280 年。当时,海斯家族和拉瑟福德家族的祖先都是苏格兰贵族。他们一起对抗约翰·巴利奥尔、威廉·华莱士及罗伯特·布鲁斯。在苏格兰贵族中,海斯家族和拉瑟福德家族人数众多,实力雄厚。

海斯家族的鼎盛时期是他们的后代来到这片土地之前,即海斯家族与拉瑟福德家族联姻之前。海斯家族曾有一个盾型徽章,徽章顶部有一只被一圈星星围着的展翅雄鹰,背面刻有"Recte"字样。一些古文物研究者认为徽章是银红相间的,也有人认为它是蓝白相间的。不过,恐怕只有古文物研究者们才会关心海斯家族的徽章究竟是什么颜色、什么形状吧,而最不关心此事的则莫过于海斯本人了。他似乎并不以此为傲,也不关心他的祖先究竟是不是贵族,他们家族是不是有这样的徽章。海斯以罗伯特·彭斯《无论何时都要保持尊严》一诗中的标准作为自己的人生准则。该诗写道:

威廉·华莱士

罗伯特·彭斯

别看君王至高无上，能赐爵封号，
什么公爵侯爵，头衔没完没了，
只要正气在身，管他皇权龙袍，
信义在胸，又怎能为官位折腰！
管他这么着，还是那么着，
什么尊荣显贵，不过是老一套！
做人高风亮节，有尊严和自豪，
不管怎么着，比爵位更崇高。

  无论海斯的祖先是谁，无论海斯的祖先在捍卫苏格兰边疆时表现出了怎样的骑士之勇，不幸还是骤然降临在这个尊贵的家族之中。1680年，当乔治·海斯离开苏格兰前往康涅狄格殖民地定居时，他似乎没什么家产，也没有什么近亲。目前，我们唯一可以确定的是，在温莎定居时，乔治·海斯是一名勤劳的木匠，也是一名优秀的铁匠。在机械方面，他天赋过人、心思敏捷。乔治·海斯有一个与自己同名的儿子。这个儿子也一直住在温莎。小乔治·海斯的儿子叫丹尼尔·海斯。后来，丹尼尔·海斯和莎拉·李结了婚。婚后，他们一直住在康涅狄格殖民地的锡姆斯伯里。丹尼尔·海斯的儿子叫伊齐基尔·海斯，1724年出生，在康涅狄格殖民地的布拉福德的一个镰刀制造厂工作。伊齐基尔·海斯的儿子拉瑟福德·海斯1756年8月出生，出生地是纽黑文，他是本书主人公海斯总统的祖父。海斯总统的祖父曾是一位农民，后来做过铁匠、开过酒馆。在他那个年代，佛蒙特殖民地曾是新英格兰地区的黄金之地。成千上万的人从康涅狄格殖民地迁居佛蒙特殖民地，海斯的祖父也是其中一员。他在布拉特尔伯勒购置了一块土地，盖了一家旅店。海斯的父亲就出生在

第2章　海斯的祖先

这家旅店里。1813年9月，海斯的父亲和他的母亲——佛蒙特州威尔明顿的索菲亚·伯查德成婚。

索菲亚·伯查德的祖先也是从康涅狄格殖民地移民过来的，她的家族是诺威奇最富有、最优秀的家族之一。索菲亚·伯查德的祖先可以追溯到1635年。当时，约翰·伯查德来到了诺威奇。后来，约翰·伯查德成了地地道道的本地人。索菲亚·伯查德的祖父曾是独立战争时期的英勇士兵，据说还是以色列·普特南将军的至交。海斯的外祖父和外祖母都是勤劳朴实的老百姓，他们生性安静，不喜炫耀，在佛蒙特殖民地平静地度过了一生。

海斯家族和伯查德家族子嗣众多，人丁兴旺。海斯家族的一个分支定居在了缅因州，另一个分支定居在了纽约州，还有一个分支定居在了佛蒙特州。我们可以说，几乎康涅狄格州的所有人都与海斯家族有或多或少的关系。在佛蒙特州、马萨诸塞州、康涅狄格州、宾夕法尼亚州、马里兰州，伯查德家族声名远扬，而这一切都要归功于来自诺威奇的约翰·伯查德。

海斯的父亲才华出众，生性坚毅，事业心强，具有新英格兰人早期的品质。海斯的祖父有九个孩子，海斯的父亲排行第二，上有一个哥哥，下有一个弟弟和六个妹妹。回忆起海斯的父亲时，一些老人总会说他心地善良，心胸开阔，乐于助人。童年时期，海斯的父亲是家里的"跑腿工"。大多数时候，他都在为妈妈或妹妹们效劳。他能修犁，能织袜，能用双手解决一切问题。对他来说，工具损坏这样的尴尬情况永远不会出现。他是同龄人的领头羊。不过，不管是玩游戏还是做别的什么，他从不带头开玩笑或是搞恶作剧。冬天，他去上学；夏天，他去铁匠铺或者邻近的农场里打杂。但他的身体似乎有些虚弱，在农场和铁匠铺干活时经常请病假。后来，海斯的祖父在附近的一个乡村店铺里给他的父亲安排了一份店员的工作。没过多久，海斯的祖父便在布拉特尔伯勒帮海斯的父亲开了一家属于自己的店铺。

在商业圈里经营了数年之后，海斯的父亲成了布拉特尔伯勒最具潜力、最有智慧、最富影响力的年轻人。不仅如此，在这一过程中，海斯的父亲也结交了很多朋友，而且几乎所有朋友都成了海斯父亲的挚友，他与他的妻子索菲亚·伯查德也是在那时认识的。

当时，海斯的父亲以基督教教义作为自己经商的准则。他经营店铺就是为了养活自己的那帮伙计。无论何时，无论是邻居还是镇上的其他人，无论需要什么，他们都会去找海斯的父亲，因为他总会雪中送炭，并且从不收取任何额外费用。他将店铺的股份平均分配给了股东，他自己的股份几乎都用于帮助镇上的百姓了。在金钱方面，他取之有道，常常优先考虑他人之需，随时为自己的客户提供便利。善于采购的他谨慎地经营着运输业，积累了一大笔财富。人们视他为施恩者。在自己的婚礼上，他收到了无数真诚的祝福。他是长老会的成员，活跃于镇上的各种慈善机构，并大力资助宗教和非宗教学校。

也正是在教堂，他第一次遇见了索菲亚·伯查德。在他的人生戏剧中，这次相遇是非常重要而且非常有意义的。我们很乐意为大家呈现这段浪漫史。对于海斯的父亲来说，索菲亚·伯查德简直是再合适不过的配偶了。她的性情和举止正好弥补了他的先天缺陷。他不善言辞，她却侃侃而谈。他经常陷入悲观情绪之中，她却一直如一股山泉。有时，他可能会夜以继日地工作。他最快乐的事就是让别人感到快乐。不过，他很少考虑自己的事，而她则俏皮伶俐，落落大方，无忧无虑，从不会让他人为难。她陪着他一起履行宗教

以色列·普特南将军

这项庄严的职责，而他则陪着她一起享受幸福生活。他宽厚仁慈，慷慨大方。他感觉这才是人生。她也以善行示人，喜欢让别人感到幸福。就这样，他们携手相伴了一生。他强烈的责任感和她无边的爱让他们紧紧联系在一起。

我们的国家有成千上万个像索菲亚·伯查德这样的妻子或母亲——她们善良、博爱、无私奉献。无论是从国家的公共教育事业还是从个人的道德修养来说，我们都应该也必须向这样的女性致以最崇高的敬意。我们将永远歌颂索菲亚·伯查德，永远歌颂所有伟大而善良的母亲。

第 3 章
迁居俄亥俄州

海斯总统的父亲决定迁徙——购置土地——俄亥俄州之行——酿酒厂——大瘟疫——海斯总统的父亲去世——海斯总统父亲的墓地

独立战争快要结束时,海斯的父亲和其他村民一样,也想离开康涅狄格州,移居佛蒙特州。到了1812年,海斯的父亲又想搬到充满浪漫色彩的"俄亥俄荒野"。可能在那个时候,海斯一家人想改变一下现状。最后,九个孩子里只有三个一直住在布拉特尔伯勒。

查尔斯·康沃利斯将军在约克镇投降,这标志着独立战争接近尾声

　　留在布拉特尔伯勒的三个人是海斯的一个哥哥和两个姐姐。海斯的这个哥哥是农民，他的两个姐姐分别是波莉·海斯·诺杰斯夫人和贝琳达·海斯·埃利奥特夫人。此外，海斯还有一个哥哥，曾在纽黑文学习法律，后来被政府派到巴巴多斯岛担任国家顾问，并在那里度过了余生。海斯的另外四个姐姐分别是克拉丽莎·海斯·穆迪夫人、莎拉·海斯·班克鲁夫特夫人、艾比·海斯·罗宾斯夫人和范妮·海斯·史密斯夫人。克拉丽莎·海斯·穆迪夫人曾在格兰比定居多年，后来住在特拉华。莎拉·海斯·班克鲁夫特夫人嫁给了一名律师，现在住在切斯特菲尔德。艾比·海斯·罗宾斯夫人和范妮·海斯·史密斯夫人现在住在格兰比。

　　海斯的父亲似乎是突然决定并迅速踏上开荒之旅的，没人能解

第3章 迁居俄亥俄州

美国东部的居民纷纷向西部移民,形成了著名的"西部热"

释个中缘由,这超出了人们正常的理解范畴。当时,人们把这种突然想要改变现状的欲望叫"西部热",但它终究是一种无法解释的现象。在这种强烈欲望的驱动下,其他一切都为这个欲望服务。就这样,西部渐渐聚集了很多新英格兰地区的精英家庭。同时,上帝也格外眷顾这片沃土。

布拉特尔伯勒的所有人都很好奇,究竟是什么驱使海斯的父亲心甘情愿地卖掉自己的股票,放弃自己居住多年的老宅,离开结交多年的好友,前往一个陌生的地方。直到现在,这仍是一个谜。当时,海斯的父亲过着舒适安逸的生活,有妻有子,经济富足,亲朋好友都相互帮衬。他所爱的一切和他所想要的一切——幸福的家庭、兴盛的教堂、优秀的学校、稳固的事业、老朋友、老社团——都在布拉特尔伯勒。离开布拉特尔伯勒时,恐怕海斯的父亲也不知道自己接下来的命运吧。恐怕他也无法解释为何突然离开布拉特尔伯勒,抛弃布拉特尔伯勒的一切,前往一个野蛮人遍地、野兽横行的蛮荒险恶之地。

现在我们并不清楚海斯的父亲第一次前往俄亥俄州时经历了什么。首先,海斯的父亲很少谈及那次探险,几乎没有留下什么相关的记录;其次,他的至交好友都已经过世。我们只知道,消失四个月后,海斯的父亲又回到了布拉特尔伯勒,并向大家宣布,他在奥伦丹吉河畔购置了一块土地,而那里就是他即将要去的地方。

筹备离开的日子里，海斯的父亲走亲访友，一一与他们告别。除非亲眼所见或亲耳所闻，否则文字和语言无法表达海斯的父亲离开布拉特尔伯勒时的送别场景：那里有对着夕阳的忧郁眼神，有人群的呐喊声，有亲人的告别声，还有无法抹去的泪水。从熟悉到陌生，海斯的父亲带着家人踏上了漫长的征程，义无反顾地冲入无尽的黑夜，离开了那些触手可及的美好生活。这就是海斯的父亲迁居所带来的一切，一切也都源于他无可解释的突然离开。

海斯的父亲带着家人从布拉特尔伯勒出发时，一辆三匹马[①]拉着的车里塞满了他们的所有物品和他们觉得路上可能需要的所有食物。这支迁徙队伍共有六人，分别是海斯的父亲、海斯的母亲索菲亚·伯查德及其弟弟萨迪斯·伯查德、女儿范妮·海斯、还没学会走路的儿子劳伦佐·海斯和小孤儿厄斯娜·史密斯。他们一行人昼行夜眠，每天都要搬运帐篷，几乎无心顾及途中茂密的森林、深浅不一的河流、无法预料的暴风雨和预料之中的野蛮人。现在，住在特拉华的厄斯娜·史密斯·沃森夫人是他们六人中唯一还健在的人，她向我们讲述了他们四十天里的征途和历险。故事本身生动刺激，极具浪漫色彩。在俄亥俄州由原始森林变为如今的人口大州之前，很多家庭都有着与他们相似的经历。

1817年，抵达特拉华之后，海斯的父亲并没有立即开发他购置的土地。当时，有三四千美元资产的他想在特拉华做一些安全可靠、利润可观的投资。因此，那块土地被彻底闲置了。

他的那块土地在奥伦丹吉河畔，距特拉华约一点五英里。据说，海斯的父亲常常骑马去那里，但从没有打算在那里安家，与那些野兽和野人共处。很快，这块土地的商机来了。因为觉得那里有利可图，

[①] 也有人说是两匹马。——原注

第3章　迁居俄亥俄州

前景可观，所以兰姆-利特尔公司在附近建了一个酿酒厂。海斯的父亲购买了利特尔先生的股份，1822年，海斯的父亲去世后，酿酒厂更名为"兰姆-海斯公司"。

投资酿酒厂后，海斯的父亲开始建造房子。雄厚的资产和公认的能力使他在当地拥有极高的社会地位。他觉得，为了与自己的地位相称，是该给自己建造一所像样的房子了。最后，他建造的房子是当时特拉华最好、最舒适的房子。不过，现在这房子有点儿过时了。

到达特拉华一年后，索菲亚·伯查德的第二个女儿出生了。海斯的父亲给这个女儿取了和她母亲一样的名字，但五年之后，这个孩子不幸夭折了。

在做重大决策时，特拉华的居民总会邀请海斯的父亲担任顾问。在盖学校和建教堂时，海斯的父亲总是特别慷慨。为了建造长老会教堂[①]——特拉华的第一所教堂，他带头捐款，并且是捐助最多的人员之一。遗憾的是，直到去世，他都没有看到教堂落成。

对俄亥俄州的人来说，1821年和1822年是最艰难、最痛苦的两年，即便是现在谈及此事，人们都还带有一丝恐惧。疟疾横扫整个俄亥俄州，致命的高烧侵袭着这里的老人和青壮年，几乎没有一个家庭可以免受其害。很多家庭都是一家人全部感染，最后无人生还。特拉华的瘟疫就更严重了。瘟疫笼罩着整个特拉华，丧事葬礼多得让人毛骨悚然。有人说瘟疫是由于植被的减少造成的，也有人说这是死水潭和有毒的绿浮垢散发的瘴气导致的，但不管是什么原因，这场瘟疫蔓延迅速，无药可医，成千上万的人或埋于地下，或者被迫流浪他乡。

海斯的父亲也是受害者之一。感染瘟疫后，他四肢发热，几个

[①] 海斯的父亲和他的妻子都是长老会的成员。——原注

小时之后，毒性便传遍全身，就这样离开了人世。海斯的父亲在特拉华的口碑极好，人们都称赞他对朋友真诚，对他人热情，对儿女宽容，对妻子深情。因此，他去世后，悲痛万分的特拉华人为他举办了一场公众葬礼以表尊重。他的墓地在靠近温泉的一个小山上，与女子学院的公园相邻。

第 4 章

海斯出生

海斯的父亲去世——厄斯娜·史密斯——萨迪斯·伯查德——拉瑟福德·伯查德·海斯的出生——年幼体弱的海斯——海斯的哥哥劳伦佐·海斯溺水身亡——哥哥的死对母亲的影响

1822年7月22日,海斯的父亲去世。索菲亚·伯查德成了一个寡妇,彻底被悲伤和孤寂淹没。当时,在特拉华这片陌生的土地上,远离了儿时的玩伴、无兄长可以依靠的她只能独自承受着这份痛苦。

1821年,索菲亚·伯查德的小女儿索菲亚·海斯才刚刚夭折。这个家庭中的痛苦阴霾还没有完全散去。门口、窗台及院子的角落,她的小女儿玩耍过的每一个地方都能勾起她的回忆。丈夫去世后,她的生活更加暗淡。她觉得她体会到了人生疾苦。她曾说没有比这更痛苦的了。然而,她根本不知道她将要承受也必须承受的将会是什么。痛苦的深渊似乎还在向更深处延伸。

不过,索菲亚·伯查德开朗的性格、聪颖的头脑、对上帝的虔诚都使她的身心更加坚强。毫无疑问,她需要上帝的安慰,需要朋友的支持。当时,小范妮还是一名学生,无力分担母亲的重负。小劳伦佐也还小,母亲还得时常操心他。后来,索菲亚·伯查德开始意识到,靠一己之力完成一件事有多么困难,相信自己能够改变世界的想法又是多么愚蠢。

幸好，索菲亚·伯查德身边还有亲如女儿又近如挚友的厄斯娜·史密斯。还在佛蒙特州时，结婚后不久，索菲亚·伯查德的内心一直有一个声音在呐喊。这个声音告诉她应该将厄斯娜·史密斯这个孤儿带回家，抚养厄斯娜·史密斯长大成人。她的很多朋友都认为这是她做的最愚蠢的一件事。邻居们也都劝阻她，说她这是同情心泛滥，日后一定会后悔今日的所作所为。可是，海斯的父亲去世后，正是在厄斯娜·史密斯的陪伴下，海斯的母亲才熬过了最艰难的那几年。海斯的母亲和厄斯娜·史密斯都曾无数次感谢上帝的安排，感谢上帝给了她们彼此一个温暖的依靠。

此外，海斯的母亲还有一个弟弟，他叫萨迪斯·伯查德。十四岁那年，萨迪斯·伯查德开始跟着姐姐生活。在特拉华的这五年里，海斯的父母一直无微不至地照顾着萨迪斯·伯查德。后来，海斯的父亲去世后，海斯的母亲更是把对丈夫和对自己的爱都倾注在萨迪斯·伯查德身上。虽然海斯的母亲是萨迪斯·伯查德的姐姐，但她对萨迪斯·伯查德的爱更像母爱，这大概就是长姐如母吧。在海斯的母亲母爱般的关怀下和影响下，长大成人的萨迪斯·伯查德非常善良，满腔热情。他积累了一定的社会经验，为日后取得辉煌成就奠定了坚实的基础。

慢慢地，索菲亚·伯查德这个身强体壮、心胸开阔的弟弟萨迪斯·伯查德开始在她的生活中扮演重要角色。在索菲亚·伯查德悲伤孤寂之时，他可谓是她得到的上帝馈赠。那些年里，萨迪斯·伯查德一直对他的姐姐和他姐姐的孩子们关爱有加。

萨迪斯·伯查德心地善良，为人慷慨，结交了一大批志同道合的朋友，并在他们的帮助下成就了一番事业。不过，他有时也多愁善感。平时，他温文尔雅，但遇到危险时，他又勇如斗士。他倾尽

第4章　海斯出生

一生把一切都给了姐姐一家。可以说，他这一生最重要的事情就是关心他们，保护他们。

1822年10月4日，海斯的父亲去世两个多月后，拉瑟福德·伯查德·海斯出生了，就出生在父亲四年前盖的那所房子里。小海斯出生时，他母亲病弱，他舅舅萨迪斯·伯查德正忙于刚刚起步的Fort Ball公司，整日不在家。他姐姐范妮的身体也很虚弱。当时，几乎所有人都认为年幼体弱的他很容易夭折，几乎活不过两个月。随着时间的流逝，小海斯的确变得越来越虚弱。邻居们几乎每天都在问："索菲亚·伯查德的小儿子昨晚是不是死了？"

一天，萨迪斯·伯查德的好友瑞恩先生过来看望海斯的母亲，并问起了"那个男孩"的情况。刚到特拉华的几个月里，瑞恩先生一直住在索菲亚·伯查德的家里，所以他们的关系很密切。瑞恩先生平时爱开玩笑，整天乐呵呵的。这次，他半开玩笑地和海斯夫人说起了"这个男孩"。

他说道："这个男孩几年后就只剩下脑袋了，这是为什么呢？"

索菲亚·伯查德笑了几声，回答道："我生的孩子脑袋都比较大，脑袋大的孩子聪明。"

接着，瑞恩先生又笑着说："对，你就这样死死地盯着他，虽然你已经陪他这么长时间了，但我依然没有看出来他有什么好转。"

海斯夫人说道："你别笑，就等着看吧，我会让他成为美国总统的。"

小海斯差不多八个月大时，某天一大早，索菲亚·伯查德的一位邻居来到她家里，坦诚地对她说："这个孩子要是不在了，也算是上帝大发慈悲了。"这位邻居觉得小海斯肯定活不长，与其这样，不如早些断气，免受些苦。

虽然左邻右舍常说这种类似的话，但海斯的母亲还是坚持抚养小海斯。几年后，小海斯的舅舅萨迪斯·伯查德依然认为小海斯肯定长不大，就是长大了，也是个无用之人。

小海斯三岁那年，一个偶然事件把他和母亲的距离拉得更近了。同时，索菲亚·伯查德更坚定地认为，她的这个儿子应该活下去。

1825年，索菲亚·伯查德的大儿子劳伦佐·海斯九岁了。冬天，奥伦丹吉河结了冰。冰面坚固光滑，简直就是年轻人的天然滑冰场。劳伦佐·海斯酷爱滑冰，动作敏捷。小伙伴们都爱和他玩。

一天，冰面上出现了一个洞，洞下面的水流很急，水位也很深。尽管如此，那些滑冰爱好者还是在冰洞周围转来转去。爱好冒险的劳伦佐·海斯萌生了一个想法——尽可能地靠近那个冰洞，然后在冰面裂开之前迅速逃离。于是，他一圈圈地围着"危险地带"转圈，慢慢地靠近冰洞。每多转一圈，每靠近冰洞一分，危险就增加一分。慢慢地，他的冰刀终于滑到了冰洞的光滑边缘。突然之间，伴随着一声巨响，冰面裂开了。一声尖叫之后，劳伦佐·海斯就像子弹一样扎进了漩涡之中。劳伦佐·海斯的水性很好。刚刚落水时，头脑冷静的他努力地往上游。为了获得支撑，他把头部露出水面，紧紧地抓住了一块浮冰，但浮冰太薄了，根本无法承受他的重量。几次尝试之后，他还是没能摆脱冰冷的河水。当时，他的小伙伴们都吓得失去了理智，跑去找邻居们求助，把他一个人留在了那里。几分钟后，救援的人们迅速赶到现场，但劳伦佐·海斯已经消失在冰冷的河水里。虽然人们很快就打破冰面把他捞了上来，但他已经是一具冰冷僵硬的尸体。

对海斯的母亲而言，劳伦佐·海斯的死讯简直如晴天霹雳。当人们将劳伦佐·海斯的尸体送回家时，海斯的母亲觉得她失去了所

第4章 海斯出生

有的支撑。当时，她别无他求，只求上帝能够保佑另外两个孩子。此后，她再也不敢让女儿小范妮和儿子小海斯离开自己的视线了，因为两个孩子就是她的全部。

第 5 章
海斯的童年和他的学生时代

海斯的童年——海斯的玩伴——姐姐范妮的教导——
"好男孩"的成功——姐弟情深——备考大学

小海斯的童年与其他男孩的童年略有不同。七岁之前，因为不能参加强度大的运动，所以他没有去公立学校。他瘦小羸弱，脸色苍白。每个和他交谈的人只注意到那双大大的眼睛和温柔的笑容。他在室内活动，他的姐姐范妮及她的伙伴就是他的玩伴。自然而然地，他变得胆小而内敛，像个姑娘。加之母亲严厉、细致的管教，所以他没有沾染任何恶习，也没有学到什么淘气的把戏。总之，在他身上，我们找不到那个年龄段的男孩该有的毛病。

他的姐姐范妮是一位尽职尽责的看护人，同时也是一位好老师。虽然小海斯所受的学前教育大部分都来自他的姐姐范妮，但他学到的东西并不比从资深老师那里学到的少。

小海斯刷新了一项纪录，一个成功者的童年纪录。在小海斯的童年时期，他没有叛逆，没有调皮捣蛋，也没有犯过错误。

学生时代结束后，学校里的优秀生、模范生大都销声匿迹、沉入茫茫人海，反倒是那些平时喜欢恶作剧、经常调皮捣蛋的学生成就了一番事业。小海斯则是个例外。在上学期间，那扇古老的教学楼大石门刚打开，小海斯就会迈进去，他既不会用小刀在课桌上刻刻画画，也不会向邻桌扔纸球和苹果核；既没有在老师背后喷过水，

第5章 海斯的童年和他的学生时代

也没有和同学吵过架。小海斯是一个名副其实的模范生,严格地执行着老师的要求。提起他时,老师们都赞不绝口,称他为学校的模范学生。不过,即使得到了这种称赞,谦虚而内敛的小海斯也丝毫不骄傲,更没有因此在学业上分心。

写这些故事时,我们满怀欣喜,因为我们国家很多失去信心的老师终于可以重新受到鼓舞了。在此之前,他们苦苦等待了若干年,向往着能有一个模范生的成功来约束那些调皮捣蛋的学生,现在他们终于有了这个黄金模范。海斯总统小时候没有犯过错,没有做过恶作剧,没有作过弊,而且这样一个心底无私的好学生最后又成了人们眼中的伟人。欢呼吧,老师们,这个事例足以证明一切!事实上,对一个国家来说,海斯总统一生的影响力比数不清的雕像更有教育意义和道德意义。

在小海斯的学生生涯中,他的姐姐范妮是他忠实的伙伴。说起这对姐弟时,现在两鬓斑白的邻居们总是满含柔情,感触良多。在小海斯进入大学之前,姐弟二人几乎整天待在一起,海斯上了大学后,他的姐姐给予了他许多物质上的帮助和无微不至的关怀。

海斯的舅舅萨迪斯·伯查德也开始关注小海斯的学业。随着小海斯的身体渐渐好转,心智愈发成熟,萨迪斯·伯查德决定提前送他去上大学。虽然小海斯学习刻苦,进步神速,他的母亲和姐姐都相信他有能力完成大学学业,但最后,她们还是没有同意海斯的舅舅萨迪斯·伯查德的计划。她们认为海斯应该进行系统的学习,因此,她们给他找了一名家教。但海斯的舅舅萨迪斯·伯查德觉得家教的效率太低了,于是又把小海斯送到了米德尔顿的一个教授那里学习一年。一年之后,从米德尔顿学习归来的海斯基本上就可以去美国的任何一所大学了。

第 6 章
大学生活

选择大学——萨迪斯·伯查德的观点——在甘比尔——大学生活——给叛逆学生的演讲——海斯喜欢的运动项目——大学毕业

1838年春,年轻的海斯必须要决定去哪里上大学了。经过几番讨论,综合考虑了家人的意见后,他最后选择了凯尼恩学院,因为它离家比较近。为了备考,他在外准备了一年。与家人分开的这段时间里,年轻的海斯成长了很多。归来后,与母亲、姐姐讨论大学的选择时,他明显成熟了。

自从舅舅萨迪斯·伯查德成为他的全权监护人和资助者之后,在选择大学这件事情上,舅舅便有了绝对的发言权。幸运的是,他的舅舅萨迪斯·伯查德也喜欢凯尼恩学院。当然,萨迪斯·伯查德考虑的并不是凯尼恩学院的学术价值有多高,因为他连学校里有什么专业都不知道。他只是觉得自己没上过什么学,所以暗下决心,绝不能让他的外甥海斯和他一样学业无成、知识匮乏。他是一个慷慨大方的男人,而且深爱着他的外甥。他相信,总有一天海斯要继承他的遗产。因此,他渴望海斯学业有成,用知识武装大脑,走向更远的地方。

可能是之前在特拉华时偶尔去主日学校的影响,也可能是在印

第6章 大学生活

第安人中间的传教活动使萨迪斯·伯查德与印第安人有了生意上的往来，从而使他的公司获益，总之，不管是出于什么原因，萨迪斯·伯查德对印第安人和白人同样公平。很多人都夸他独具慧眼，高瞻远瞩。海斯的母亲是一名纯粹的长老会教徒。在姐姐的影响下，萨迪斯·伯查德每周都会按时去长老会教堂做礼拜，但还是坚持自己生意上的原则。

到达甘比尔，进入大学后，海斯从不炫耀自己有什么非凡才能，也从未担心过学业的问题。在选择宿舍时，本性谦逊的他不争不抢，最后住进了一间顶层阴面的阁楼里。阁楼的梁下有一个圆形的小窗。他的室友回忆说，因为楼层太高，打扫屋子很麻烦，所以很多学生经常抱怨，有些甚至恼羞成怒。但年轻的海斯只是默默地往楼上提水，坚持了数月，虽然做了许多本不该他做的事，但毫无怨言。

凯尼恩学院一隅

上大学时，海斯从来不参与恶作剧，并且没有人认为他会做这种事情。他性情温和，品行端正，受人尊敬。大学期间，他从不会让自己陷入困境。每当他的同学因为言行失检而招致麻烦时，他总会伸出援手，帮他们摆脱困境。

　　一次，他们班上的一名学生考出了远比平时高的成绩。后来，人们发现他作弊了。对老师而言，作弊是严重的冒犯。因此，那名学生有可能被开除。最后，鉴于他天资聪慧、能力出众，校委会决定给他一次承认错误的机会，使他免受开除的处分。校委会认为，他应该自己主动站在全校师生面前认错、忏悔，请求老师和同学们的原谅。

　　一般情况下，学生认错之后，学校便会开会进行审议，然后在该生所在的班级公布审议结果和校委会的决议，其间有人会对他的行为进行介绍。校委会讨论后，领导层做最后决议。有人说，我们需要"赞美"一下他"为了维护自己荣誉"而牺牲自己的勇气，但很多人反对这样的讽刺，并且建议这个学生坚决不要屈服，不让那些想要讽刺他的人得逞。这个年轻的学生眼前只有两条"魔鬼之路"，而他必须选择一条，要么坚决不认错，从而被校方开除，要么乖乖认错，被同学们视为懦夫，一辈子抬不起头。

　　当时，海斯站了出来，与蛊惑那个学生不要屈服的人们进行了为期一天的辩论。现在我们很难一字一句地还原海斯当时的辩词，但根据当时在场的一些同学的回忆，还是整理出了如下内容：

　　各位，毋庸置疑，这完全是一个错误。现在，我清楚地知道，如果被抓住的人是我，如果我还要接受这样的折磨，那么我会毫不犹豫地去找导师，请求他的原谅。各位

第6章 大学生活

老师，各位同学，可能我们家乡的朋友、我们的家人并不在意我们在学校取得什么样的荣誉，可一旦我们蒙羞，他们必然会十分伤心。因此，我不想因为我拒绝向大家承认错误而让他们感到羞愧。如果他做错了，就应该承认错误，但某些人不能利用他的错误进行人身攻击，如果真到那个地步，我觉得坦诚地交代事情的经过，对自己的行为说声对不起，也无可厚非。同学们，我想说，与承认自己的缺点相比，接受一次终生挥之不去的羞辱更加愚蠢，如果他不按校委会说的去做，那么他真是愚蠢至极。他会后悔，他的家人也会后悔，恐怕他会后悔一辈子。

这几句勇敢、明智的话点醒了这个学生，也改变了其他同学的观点。当这个学生勇敢地向大家承认错误时，他赢得了全班同学的掌声，而他与海斯也成了挚友。现在，他是俄亥俄州最出色的、最负盛名的人物之一。

海斯的另一个同学是南方人，虽然很聪明，但生性鲁莽，常招来麻烦，但海斯总能帮他化解。他很欣赏这个头发稀疏的海斯。分开几年后，他从国会辞职，回到他的家乡得克萨斯州自告奋勇地加入邦联军，以此向他的老同学致敬。美国最高法院的法官大卫·戴维斯也是海斯的大学同学。还有一位同学也是海斯的挚友，当过一所学校的校长，后来在战场上牺牲，被授予上将军衔。因为海斯生性安静，不善社交，所以他的朋友并不多。他喜欢踢足球，喜欢和同伴们划船。他尽情享受运动带来的乐趣，但从不会把私事牵扯其中。他觉得，与通过运动结交的朋友谈工作实在不妥。时间自由时，他更喜欢带上一杆枪去森林打猎，享受独处时光。1842年，海斯大学毕业了。虽然还不满二十岁,但他已然是老师和同学们的宠儿,是班级里无人可及的第一名。毕业那天,快乐也属于海思的母亲索菲亚·伯查德、姐姐范妮和舅舅萨迪斯·伯查德。海斯用他所取得的荣誉回报了他们。他们如果能够亲眼看到他当上美国总统,就会更加高兴。

第 7 章
成为一名律师

律师事务所的实习——去哈佛法学院——合作伙伴——移居辛辛那提——加入辛辛那提文学俱乐部——斯坦利·马修

从凯尼恩学院毕业后,年轻的海斯开始在托马斯·斯帕罗的律师事务工作。不久,他成了哥伦布市法律界的新秀。当时,他的身体状况也渐渐好转。因为运动与锻炼,自幼体弱多病的他慢慢变强壮了,拥有了一个强健的体魄。海斯的大学生活不是在学习,就是在文学世界里遨游,而现在他则需要适应这份耗费脑力的职业。

当时,他没有放出豪言壮语,没有暗自立志要成为一个口若悬河的演说家,也没有想过自己会选择律师这一职业,并取得瞩目成就。直到1842年,也没有人看出这一点。年纪轻轻的海斯根本不像是能和法庭打交道的人。不过,当年轻的海斯在一次与舅舅萨迪斯·伯查德一起度假时,舅舅说他的外甥海斯极有可能通过律师这一职业取得非凡成就。

舅舅萨迪斯·伯查德就像父亲一样全心为他的外甥着想。对萨迪斯·伯查德来说,海斯是世界上最耀眼、最纯洁、最睿智、最善辩的年轻人。他常常和别人谈论海斯的伟大前程。当然,那些人从未相信过他的预言。

年轻的海斯身上有一个难能可贵的品质——能够专注每份工作，从不会只了解事物的表面，这也是他做任何事都能取得成功的重要原因。遇到问题，海斯总要打破砂锅问到底，不弄清楚决不罢休。学习法律时也是如此，没有什么事情能够让他放弃，即使那些法律问题已经得到权威认证或者已经做出毫无争议的决议。

一年后，托马斯·斯帕罗的律师事务所已经无法满足海斯的学习需求，单一的法律案件也无法满足海斯对法律知识的无限渴求，他似乎想要精通法律的各个领域，而不是将自己的法律知识局限在司法领域。所以，海斯最后决定离开托马斯·斯帕罗先生的律师事务所，去位于剑桥的哈佛法学院学习法律。

与在凯尼恩学院的大学生活一样，在哈佛法学院学习时，海斯还是一贯的安静，如同一个隐形人一般埋头学习。他与同学的关系比较疏远，所以很多同学都想不起他的模样了，有些人甚至都不知道有他这么一个同学。那两年里，同学们要么忙于个人事务，要么忙着拉拢权贵，扩展自己的人脉，而海斯却一心一意地研究合同、民事侵权、证据、辩护、犯罪、司法公正等方面的法律，他长时间流连于图书馆的书海里，翻阅大量资料，研读法律的实用性。在这个过程中，他忘记了时间在缓慢流逝。

1845年，从哈佛法学院毕业之后，海斯被玛丽埃塔法庭录用，在开庭阶段实习。不久，他就成了一名律师。在俄亥俄州的弗里蒙特市，他与罗尔夫·波默罗伊·巴克兰等人共事。值得一提的是，无论什么时候，海斯选择的伙伴、朋友或合伙人都成就非凡，这足以证明他的确慧眼识人。在弗里蒙特市的合作伙伴，不管是他自己选的，还是他舅舅推荐的，都能力卓越、心地善良、彬彬有礼。后来，罗尔夫·波默罗伊·巴克兰成了一方领袖。在美国内战中，他战绩

第7章 成为一名律师

卓越，成了王牌将军。战争结束后，他进入国会，成为议员。而海斯的舅舅萨迪斯·伯查德成了俄亥俄州最富有的银行大亨。他去世后，海斯继承了他的遗产。虽然从天而降的巨额财产没有使他变得自负嚣张，也没有让他沾染任何恶习，但人们还是会习惯性地说："如果当年的穷小子海斯凭借自己的努力赚来了巨额财富，那么他必然会成为一个伟人。"

1849 年，海斯去了辛辛那提，接着以更高涨的热情投身法律研究，不过，与 R.W. 卡文先生、威廉·罗杰斯、列奥波多·马克布莱特合作的那段时间里，因为案件太多，海斯几乎无力应对，所以那几年里，他的发展不算太好。在事业的起步阶段，奋斗是孤独的，收入也不高，因此，很多年轻人都放弃了律师这个职业。年轻的海斯本来也可以这样做，但怀有鸿鹄之志的他没有放弃。他明白，当下的努力都不会白费。就这样，他不断努力，一丝不苟地做好本职工作，渐渐地成长为一名诚信可靠的律师。

在辛辛那提发生的两件大事点燃了海斯的壮志，同时让他收获了财富和名声。第一件也是最重要的一件是他与奇利科西镇的詹姆斯·韦伯医生的女儿露西·韦尔·韦伯结婚了。人们都明白，与一位有学识、有教养、精神焕发、信仰高贵的妻子坠入爱河会使他变得更加优秀，有她在，他就有动力，他潜在的精力就会爆发出来。从结婚那一日起，他发现一个人身上应该肩负的职责，应该肩负的神圣使命——惠及众生，让世界变得美好。

在撰写这部分内容时，我们清楚地感受到了那份近在咫尺的爱。当我们从历史学家的角度看待海斯总统的一生时，我们会发现他的人生没有虚度，当他和活泼可爱、心地善良的露西·韦尔·韦伯坠入爱河时，或者说当年轻的海斯在特拉华那个明媚的春天遇见美丽

辛辛那提

露西·韦尔·韦伯

的露西·韦尔·韦伯时，当年轻的海斯向别人打听起那个黑眼睛的女生时，他的人生就进入了新的篇章。

从那时起，他有做不完的事，那就是为民众维护公平正义，尽显绅士魅力；从那时起，他不再饥寒交迫；从那时起，他开始为流离失所、无家可归的奴隶们辩护、发声；从那时起，工人阶级找到了一位忠实可靠的朋友，一位可以帮他们与资本家周旋的朋友；从那时起，心志不坚和精神失常的人找到了一位悉心呵护他们的守护者。海斯让人们相信，律师也可以是基督教教徒，也可以是慈善家。

在处理一名吸毒者南希·法拉的案件时，法官们想为这个无知又无助的人找一名辩护律师。他们没有选择在贵族界赫赫有名的大律师，也没有选择鲁莽之辈，而是选择了这位谦逊无名的年轻律师。之后，年轻的律师海斯又处理了无数类似的案件。当时，他竭尽所能地为每一位弱者提供法律援助。海斯虽然从没有赞美过万能圣洁的上帝，但用实际行动向人们展示了一名虔诚的基督徒所具备的美好品质。总而言之，海斯的正直、善良都得到了最好的体现。同时，也许是深受母亲的影响，他渐渐产生了对女性的关爱。

另外一件大事是海斯加入了辛辛那提文学俱乐部。俱乐部成立于海斯移居辛辛那提之前，成立之初，俱乐部就确定了自己的宗旨：促进文学、科学和社会文化的交流。俱乐部的成员大都是社会精英和高端人士，那里有很多像海斯一样朝气蓬勃的年轻人——后来，他们大多成为德高望重之人，比如说大法官S.P. 蔡斯、约翰·蒲柏将军、爱德华·F. 诺伊斯州长、曼宁·F. 福斯将军、约翰·W. 赫伦法官、阿尔弗雷德·T. 高舍恩将军、俄亥俄州最高法院的德修·怀特先生、M.D. 奥利弗法官、卫生局局长威廉·H. 慕兹、R.H. 斯蒂芬森先生、辛辛那提的海关检查员查尔斯·P. 艾米斯先生、辛辛那提商会的穆拉特·霍尔斯特德先生、《辛辛那提公报》的萨缪尔·R. 瑞德。对于年轻的海斯而言，能够在这样一个圈子里结交到一批挚友简直是人生幸事。

在那里，他和他的大学同学斯坦利·马修先生的关系变得更加紧密——从一开始，他们就志同道合，亲如兄弟。我们不禁要插入一小段关于斯坦利·马修的故事，他对海斯后来的成功产生了很大的影响。年轻时，斯坦利·马修是一位民主党人士，在内战期间，他是民主党内精力充沛、德才兼备的领袖之一。经詹姆斯·布坎南总统推荐，他被任命为俄亥俄州南区检察长。不过，因为俄亥俄州州长的行事作风和斯坦利·马修心中的公平正义相左，加之奴隶运动的力量日益强大，所以他辞去了检察长一职，并公开谴责奴隶主和他们的各种反叛诉讼。

后来，斯坦利·马修加入了海斯少校[①]的独立团，被授予中校军衔。1861年10月，他被俄亥俄州五十一团授予上校军衔，在威廉·罗斯克兰斯和布欧上将的麾下听命，参加了几次激烈的战斗。1863年，他在度宾斯渡口战役中受伤。

战争结束后，斯坦利·马修被选为辛辛那提民事诉讼法庭的法官。不过，任职十八个月之后，他就辞职了。后来，他也尝试过其他职业。

---

① 即本书主人公、后来的海斯总统。

第 **8** 章
海斯的第一个办公室

事业上升期——谋杀案——托马斯·尤因的评价——
市议会的请求——竞选法官——工作欲望增强

随着交际圈的扩大,海斯接手案子的范围越来越广。在社团的讨论中,他展现了非凡的能力。他简洁的语言、轻快的语速及朗诵丹尼尔·韦伯斯特的演讲稿时完美的表现,都给他的同伴们留下了深刻的印象。受基督教家庭的影响,再加上在事业上蒸蒸日上,海斯的工作欲望愈来愈强烈;又因为日渐熟悉商业领域,所以海斯的商业投资也取得了长足的进步。不知不觉中,他已然跻身全国的富豪榜。在这个无奇不有的国度,虽然一切皆有可能,但海斯的成就还是鲜有人及。

俄亥俄州最引人注目的一起谋杀案就是由海斯一手负责的。在这起案件中,作为一名年轻的律师,海斯展现了自己高超的职业素养。案件的终审是在哥伦布市的最高法院进行的,艾伦·G.瑟曼法官也在其中。法庭挤满了全国各领域的知名律师,其中还有托马斯·尤因。审讯结束后,托马斯·尤因高度肯定了海斯的表现。

1856年,海斯被任命为民事诉讼法庭的法官。海斯毅然决然地拒绝了这次任命,因为他的姐姐范妮在这一年去世了。海斯的姐姐范妮嫁给了富有的银器经销商威廉·A.帕拉特。不幸的是,1856年,

第8章 海斯的第一个办公室

范妮在哥伦布市病逝了。十年后，也就是1866年，海斯的母亲索菲亚·伯查德也去世了。

1858年，辛辛那提市的法官一职暂缺，万般无奈之下，市议会请海斯暂任此职。这一次，海斯终于被说服了，他走马上任。不过，从他接受任命、走进法院的那一刻起，他就恪守职责，兢兢业业。

他的工作卓有成效，得到了众人的称赞，而他也不辱使命，成功竞选成为下一任法官——当时，超过五百人把选票投给了他。后来，他在第二次竞选中的失利绝不是他的原因，因为那次的竞选是一个团体与另一个团体的对抗。

当时，突破层层关卡、日日忙碌、无暇顾及私事的海斯几乎达到了自己职业生涯的巅峰。在母亲、舅舅和妻子的陪伴下，海斯名利双收，未来一片光明。他本可以过上稳定安逸的生活，不用再理会世俗的困扰和诱惑。

海斯与妻子露西·韦尔·韦伯

在这种情况下,海斯完全可以安稳度日,在无花果树下喝着美酒,享受着安宁的生活。但他一点儿也不想就此度完余生,他想马不停蹄完成命运交给他的使命,因为他的命运握在自己手中。

第 9 章
南北战争爆发

决定入伍——伯内特步枪——海斯的观点——西弗吉尼亚州——驻防克拉克斯堡——参谋——卡尼菲克斯战役——斯坦利·马修上尉离任——海斯少校晋升——大军远征——调入俄亥俄州二十三团指挥部——袭击普林斯顿

在前面的内容中，我们根据海斯总统本人的回忆，记录了他在内战爆发之前的部分生活。接下来，为了让读者更好地了解海斯总统，我们准备介绍一下他日常生活以外的其他事情。

就从海斯参军开始说起吧。内战爆发前的那段时间是海斯的事业稳固期。当时，生活舒适安逸、事业稳定的海斯尽可等待着安然退休，不再理会工作中的尔虞我诈和其他有损社会公信力的行为。然而，听到萨姆特堡遇袭的消息时，他愤然拿起了枪，加入到神圣的战争中。身为辛辛那提文学俱乐部核心成员，他组建了一支俱乐部自己的队伍。在组织大会上，海斯表现得十分积极。队伍叫"伯内特步枪"。正如它的名字一样，"伯内特步枪"是一支出色的部队，有很多大亨和精英，以及三十五名律师。其中，二十三名后来成了联邦军的指挥官，有几位成了将军。从这支部队出来的部队将领总数超过七十五人。

每周六晚上，他们都会举行一次例会。每次会议上，海斯都会激起大家的爱国热情。

1861年4月，海斯曾在一封信中就当时的政治局势阐述过他的观点。我们在这里引用其中一段："南卡罗来纳州已经通过一项会议条例。该条例填补了联邦法律的空白。事实摆在面前，我们不得不承认，现在，要塞地段和军火库已经被占领，缉私船也被劫走了，罗伯特·安德森少校所部被困在了萨姆特堡，其他州也岌岌可危，内战一触即发。与分裂和战争相比，我更害怕妥协。我们可以拯救这个局面，只要我们团结起来向前走，一定可以战胜一切。在前行的路上，我没有一丝一毫的迷茫和沮丧，现实并不可怕，眼睁睁地看着我们这些年取得的成就被摧毁才可怕。让我们冷静下来，心平气和，但坚定果断地击破谣言吧，侵略的危险性绝对不能与和平画等号。无论一个人的脑袋离枪口有多近，他都可以躲开子弹，但哪怕只是小小的一滴毒液，都会使他受到致命伤害。"

早在1861年4月15日，海斯就曾提出质疑，宣称这样的战争是否有必要，他是否应该加入。他完全可以待在家里，继续他那平平淡淡、安安稳稳的生活，但最后还是毅然决然地放弃了安逸和享乐，投身于战争之中，直到他的国家摆脱困境，走出危险。当他们这支成立仅仅三个月的部队被招入编联邦军时，海斯极力反对。他认为部队组建时间太短，需要等一等，不能如此匆忙。虽然他抗争了许久，但那支部队最终还是被迫编入联邦军，赶赴战场。有人对他说六十天后战争就会结束，他立即反驳说这将是一场旷日持久的战争。不过随后，他又说道，无论这场战争持续多久，他都会坚持到最后。

约四个星期后，在巴尔的摩，马萨诸塞州部队惨遭屠杀。得知此事后，海斯给他的朋友写了一封信，内容如下：

萨姆特堡

邦联军开始炮击萨姆特堡

萨姆特堡被击中

萨姆特堡陷入火海

邦联军占领萨姆特堡

我和斯坦利·马修一致决定参战，如果足够幸运的话，我们应该能够进同一个团。我把我的感受告诉了他，他也和我说了他的感受。这是一场需要举全国之力、不得不打的公平之战，因此，我必须参战。人终有一死，但与苟活于世、眼睁睁地看着这一切发生而无所作为相比，我更希望自己能够战死沙场。

如前所述，海斯和斯坦利·马修志同道合、亲如兄弟，在是否参战这件事情上，观点一致的他们一起向威廉·丹尼森州长提交了入伍申请，并一起被录用。政府决定，在最开始的三年里，让他们两人待在同一军的两个团里，但他们两人并不想就此分开，而且他们也都不想当团长。后来，他们得知，为了方便指挥士兵打仗，团长应该由一位经验丰富的陆军上校来担任，他们都认为自己并没有资格担当此任。因此，他们就此事与政府沟通。最后，丹尼森州长决定另派他人担任团长，海斯和斯坦利·马修两人则做其下属。很快，这个州各行各业的人纷纷加入志愿军，成立了一个新的战斗团，州长随即授予威廉·罗斯克兰斯上校军衔，命其担任该团团长，授予海斯少校军衔，斯坦利·马修中校军衔。这个新的战斗团被称作"俄亥俄州第二十三志愿团"，它已做好了战斗准备。不过，在赶赴战场之前，威廉·罗斯克兰斯上校晋升为准将，所以该团就由毕业于西点军校的埃利亚克姆·P.斯卡蒙上校接任。之后，二十三团抵达了克拉克斯堡。克拉克斯堡是巴尔的摩通往俄亥俄州铁路的要塞之地。经由这里，军队可以迅速转移到马里兰州、宾夕法尼亚州或俄亥俄州。同时，它也是军队的便捷集结地。从1861年6月27日起，

第9章 南北战争爆发

二十三团开始在这一带驻防,该团的任务是保护附近的俄亥俄州铁路,以免它被邦联军破坏。

事实上,驻防克拉克斯堡是海斯总统一生最重要的经历之一,为他日后走向辉煌奠定了基础。不管是在波托马克河还是密西西比河的战斗,战场一次比一次血腥,他一一经历,克服种种困难。也因为这些战斗,他频频上报,引起亲朋好友的关注。俄亥俄州的人民,尤其是辛辛那提的人民一直提心吊胆,害怕邦联军来袭。他们日日祈祷,希望邦联军能早日被击退,因此他们密切关注北方联邦军在边界的动态。驻防克拉克斯堡的大军和俄亥俄州相邻,被当作俄亥俄州的保卫军。俄亥俄州的人民给予他们高度的关注,而其他部队虽然已遭受致命袭击,行军艰难,但他们已经无暇顾及。海斯少校这边的战火也异常激烈,但他战功卓著,也因此得到了晋升。他已经成为一名优秀的士兵,但后来发生的事情对他的改变很大。第二十三团前任上校威廉·罗斯克兰斯现在已经晋升为上将,奉命指挥克拉克斯堡的战斗。海斯少校在自己的驻防区里表现优异,指挥有方,成功地击退了来袭的邦联军。后来,二十三团总是因为一些风吹草动频繁出动,但收获甚微。

1861年夏天异常宁静。海斯少校开始担任威廉·罗斯克兰斯上将指挥部的军法官。众所周知,军法官这个差事不好干,最容易得罪人。不过奇怪的是,在担任军法官的这几个月里,海斯少校几乎没有树敌。虽然他也感受到了在指挥部工作的尴尬,但机敏智慧、生性善良、诚实公正的海斯少校受到了大家的一致好评,赢得了大家的尊敬。

在萨顿时,海斯少校又回到了自己的二十三团。卡尼菲克斯渡口战役打响之前,斯坦利·马修中校被派去侦察敌情。战斗打响之后,

威廉·罗斯克兰斯

卡尼菲克斯渡口战役中,联邦军乘船渡河

作为后援的二十三团原地待命，海斯少校则率领几支小分队从侧翼进攻，突袭了邦联军的后方。这次行动在没有与邦联军正面交锋的情况下迅速有效地取得了胜利，且未损失一兵一卒。

1861年9月下旬，海斯少校率小分队在赛沃尔山扎营，抵挡罗伯特·E.李将军的部队，但恶劣的天气、糟糕的路况还有邦联军的袭击让部队吃尽了苦头。二十三团其余部队则在尤因营驻守。

后来，丹尼森州长命斯坦利·马修中校到俄亥俄州五十一团报到。斯坦利·马修中校离开二十三团后，前往西南战区。在那里，他立下了赫赫战功。斯坦利·马修中校离开后，海斯少校被授予中校军衔，接任了他的工作。接着斯卡蒙上校被授予准将军衔后调走，二十三团由海斯中校全权掌管，任团长。

从1861年开始，直到1862年冬，海斯中校一直率领部队上山侦察巡逻。接着，他带领二十三团进入弗吉尼亚州，占领了该州的部分地区。不过，占领的地方并不是什么军事要地，部队长途跋涉，但收效甚微。在与南方邦联军交战的过程中，海斯中校多次与死神擦肩而过。有一次，他中了邦联军的埋伏，子弹从他的身边嗖嗖穿过。在邦联军近距离小范围的交叉火力下，海斯中校最后成功逃脱，他沉着冷静、临危不乱，这使他在部队里的威望迅速上升。1862年5月11日，海斯中校率领一支小分队袭击了邦联军重兵把守的普林斯顿，他的奇袭使邦联军落荒而逃，把弹药都留给了联邦军。

第 10 章
在弗吉尼亚西部的战斗

部队遭受猛烈攻击——邦联军人数众多——且战且退——抵达华盛顿——晋升为上校——和老部队的感情——进军马里兰州

1862年5月10日,海斯中校第一次指挥全团抗敌。他的表现得到了部队士兵的高度赞扬。捷报传至哥伦布市后,他的军衔也很快得到晋升。当时,他的部队驻扎在弗吉尼亚西部的一个小村庄里,村庄的名字好像是帕里斯堡。二十三团共有九个连、五百骑兵及一组轻炮兵;邦联军却有整整四千人,其统帅是威廉·希思上将。海斯中校统率的二十三团身处险地,兵力悬殊,岌岌可危。当时,有人建议让一部分人先行撤退。海斯中校认为太过草率,否决了这个人的建议,因为那些先行撤退的人一定会被邦联军的骑兵追击。但后来的战局和预想的不同,当二十三团纠察队一大早出发时,他们发现邦联军派出了侧翼小分队迂回到了后方,救援掉队的士兵。得到这个情报后,海斯中校立即命全团快速撤退。在撤退时,他命骑兵护卫部队的左右两翼,又派出一些小分队骚扰邦联军的侧翼。就这样,他率部有惊无险地回到了山上的军事基地。

在撤退途中,行至比较开阔的地带时,骑兵便掩护步兵撤退;如果遇到峡谷等特殊地形,步兵便掩护骑兵,让骑兵安全通过那些特殊地形。在海斯中校的指挥下，二十三团的士兵们就这样相互配合着迅速撤退。海斯中校派出去的小分队则躲过追兵、避开人数众多的纵队，与邦联军那些毫无战意、一心只想着去救掉队士兵的侧翼小分队周旋。

战斗中，海斯中校沉着冷静，有条不紊地发出一道又一道的命令，二十三团的士兵们也领会了他的用意。虽然二十三团的士兵们已经饥肠辘辘、疲惫不堪，但坚信绝不会被打败的他们还是欢呼着扔掉头顶的帽子，将海斯中校的命令执行到底。瞒天过海之计终于奏效了，邦联军误以为他们的增援部队已经到达。后来，他们距离邦联军已经超过五英里，虽然天色渐晚，但他们继续前行，慢慢消失在黑暗中。

撤退过程中，二十三团损失较小。稍做休整后，他们又继续前进。后来路上碰到了邦联军的增援部队，双方发生了交火，海斯中校被一个弹壳击中，导致行动有些不便，但他仍然镇定沉着地指挥作战，丝毫未受影响。

1862年7月13日，二十三团在平顶山扎营，在帕克渡口汇报战况。之后，他们继续前进，在接下来的两天两夜里徒步行军一百四十英里，抵达卡纳瓦河附近的派亚特营地。在那里，他们搭上火车，经俄亥俄州抵达帕克斯堡，并于1862年7月24日抵达华盛顿。1862年8月上旬，海斯被授予上校军衔，并担任俄亥俄州第七十九团团长。不过，他并不愿意前往俄亥俄州七十九团，因为他了解二十三团士兵们的品性和需求，士兵们也同样了解他的为人处事风格。他深爱着二十三团的士兵们，同时也深受二十三团士兵们的爱戴。

就在他迟疑之际，罗伯特·E. 李将军已率领南方邦联军穿过了

南北战争期间的海斯

罗伯特·E. 李将军

第10章　在弗吉尼亚西部的战斗

马里兰。兵临城下，危机四伏，更有人夸张地说邦联军已经向巴的摩尔、哈里斯堡、费城进军，这个消息激起了每一个士兵的爱国热情和战斗意志。海斯上校的二十三团与雅各布·D.考克斯上将带领的波多马克军团的一个师配合作战。在海斯上校的带领下，二十三团屡战屡胜，频频告捷。直到战争结束，海斯上校也没去俄亥俄州七十九团赴任。

1862年9月14日，被载入史册的伟大战役——南山战役——爆发。几天之后，更加血腥残酷的安提塔姆战役爆发。

第 11 章
南山战役

凯拓克廷谷的地貌——军队出现——下达进军令——散兵线——邦联军的霰弹筒——海斯上校受伤——J.C.康姆利少校接替指挥——海斯上校重返战场

1862年9月14日早晨,阳光洒在波托马克河上游陡峭的山崖上。这时,一支大军正披着晨曦从波托马克河向凯拓克廷谷行进。凯拓克廷谷的峭壁和南山山脉之间还有另外一支大军,它就是由罗伯特·E.李将军率领的六万南方邦联军。一天前,他们刚刚穿过凯拓克廷谷,从特纳斯缺口穿过了南山山脉。之后,为了给拉法耶特·麦克罗斯将军争取时间,顺利抓获在哈帕斯渡口战斗中叛变的迈尔斯,与邦联军顺利会师,罗伯特·E.李将军特命D.H.希尔上将率领五个作战旅断后,据守山顶,抵挡北方联邦军。

那天早上,斗志昂扬、情绪高涨的联邦军从陡峭的山峰出发,翻过特纳斯缺口的山峰,而邦联军的通信兵则俯视着广阔翠绿的峡谷,时刻注意追兵的动向。

弯弯曲曲的小溪从峡谷淌出,流入广袤的平原,再经过波光粼粼的波托马克河注入大海。峡谷间的道路纵横交错,将谷地和草地分开,一直延伸到波托马克河岸边。一支队伍正疾步向前,军旗随风飘动,刺刀闪闪发亮。他们走过凹凸不平的山路,穿过坑坑洼洼

第11章 南山之战

的土地。他们黑蓝色的军装在地上投射出各种各样的影子。骑兵飞快地在部队的前后穿梭,像织布机的梭子一样从一个纵队飞驰到另一个纵队。

山谷的深处,南方邦联军侦察兵看到联邦军左翼正如一条黑线沿着山路前行,离他们占据的山北面越来越近,但离山南面还很远。他们就这样看着联邦军在路上快速移动,穿过一片又一片土地。他们看了看身后波托马克河上翠绿的山丘,感觉到一场战斗就要打响。他们将会从那片森林里听到炮火声、呐喊声、碰撞声,也会让他们想起自己那温暖的家。

我们再来看看联邦军的部队。几天前,联邦军的部队驻扎在山脚下的米德尔敦,海斯上校率领的二十三团也在其中。将士们斗志昂扬,蓄势待发。当晨光照在凯拓克廷谷悬崖上时,峡谷的轮廓逐渐清晰起来。虽然他们用草和木头铺的床又硬又不舒服,但他们还是不想起床。他们不明白为什么邦联军的兵力不到他们的一半,却还要半夜起身,摸黑行动。

不过,在行军途中,沿途美丽壮观的奇异风景激起了士兵们的浪漫情怀,让他们暂时忘记了即将到来的战争。那天的风景给士兵们留下了深刻的印象。他们可能忘记了早上用谁的杯子喝的咖啡,也可能忘记了早餐和谁分吃的硬面包,还可能忘记了前一天晚上是哪一支骑兵和他们安营扎寨,但那里的平原、高山、树木、岩石将会永远留在他们的脑海中,永不褪色。

1862年9月14日早晨,联邦军的指挥官不停地发号施令。急促震耳的鼓声在士兵们的耳边响个不停,山前的"集结号"成了那道风景无法抹去的痛。他们不知道乔治·麦克莱伦的计划,只知道不断地向山上进攻,紧紧咬住罗伯特·E. 李将军的部队,直击邦联军山上大营。他们虽然知道山顶有阻击的邦联军，但还是一步不停地跟着军旗前进。

虽然士兵们并不知道上面的计划——对他们来说，每次行动都充满了不确定性，但从他们离开米德尔敦的那一刻起，他们就预料到了这一历史性的时刻：他们很快会与邦联军展开一场殊死搏杀。

1862年9月14日早晨，有些人觉得，卷好行军被、捆好餐具和锡制水杯之后，他们就再也不会打开它们了。士兵们仰视着山上成堆的草木岩石，耸起肩膀等待着进军号令。那场战争的一位幸存者曾和我说，战前，海斯上校统率的二十三团中的一名士兵曾和另一名士兵开过一个玩笑，当时，看到他的战友正在往身上绑餐盘，那个士兵就说道："嘿，比尔，你还是把盘子给我吧，我猜你是用不着它了。"那天晚上，比尔真的被一粒子弹击中，倒在了山的另一边，他牺牲时，那个盘子还在他身上。

一名来自贝尔方丹的士兵向他的长官说："那边的战况似乎很激烈，但我还是希望我们能够冲到山顶。我写了一封家书，并把它放在了我的子弹盒里，它就夹在皮套和锡皮壳中间，如果我不幸阵亡了，我希望有人能把它送到我的家里。"

战争结束后的那天晚上，那个士兵失踪了，他的长官不知道他究竟死于何处。悲痛欲绝的家人也四处寻找他的尸骨。后来的某一天，弗雷德里克斯堡的一个俘虏把夹在子弹盒里的信送到二十三团的大营。这个俘虏说，在那场激战中，子弹盒的主人被火枪击中，从悬崖上摔了下去，他从那个士兵身上拿了子弹盒和腰带。随后，这个士兵就从失踪名单移到了南山战役的烈士名单里。

二十三团的士兵们从没见过这么惨烈的战争场面，更别说参与了。二十三团的士兵们一个接一个地倒下，损失惨重。第二天早

第11章 南山之战

上点名时,这个团仅剩三百一十人。和一年前离开丹尼森营地时的一千多人相比,现在的二十三团简直像一个小分队。不过,他们的勇气并没有因为人数的减少而减少。当获得上级批准可功成返乡时,指挥官们却毅然决定和他们的士兵们继续并肩作战。于是,部队士气大振。

1862年9月14日7时,将军下令上山。通往特纳斯缺口唯一的一条快速通道需要穿过布恩斯堡。普莱森顿的骑兵沿着大路往上走,一支炮兵、二十三团和雅各布·D.考克斯的几个团紧随其后。二十三团将从布恩斯堡快速通道的左边突进,然后从特纳斯缺口的南面沿着荒芜崎岖的小路爬上山。

不久,这支爬山部队就看到了些许白烟从他们上方的草地边缘飘过。然后子弹就嗖嗖地从他们头顶飞过,接着是火炮轰鸣声。这说明,他们正在接近邦联军的前沿防线。他们继续前进,突破防线,穿过树桩、篱笆、树林,越过沟壑,翻过土堆。山坡变得越来越陡,邦联军的火炮也越来越猛烈。炮弹的爆裂声、子弹的嘶嘶声随处可闻,让人毛骨悚然,心惊胆战。

乔治·麦克莱伦将军预计,雅各布·D.考克斯的战斗师能够击败希尔部队的侧翼,以全力抵抗南方邦联军,取得胜利。但联邦军低估了邦联军的战斗力。在山下,邦联军小塞缪尔·加兰德将军率领的老兵旅与联邦军激烈对抗,他们虽然不是孤军奋战,但已经无法决定成败。因此,当这位英勇的邦联军将领被杀后,他的部队也被攻势凶猛、火力十足的联邦军歼灭,而这时邦联军的詹姆斯·朗斯特里特将军帮助希尔将军用原木和砖石堆砌了三条防线,巧妙地挡住了由安德森、罗兹和里普利率领的作战旅。

那天早上,当埃利亚克姆·P.斯卡蒙上校率领的作战旅向邦联

小塞缪尔·加兰德将军

詹姆斯·朗斯特里特将军

乔治·麦克莱伦将军

军发起进攻时，二十三团也参与其中，协同作战。邦联军先是用布置后方的火炮进行远程轰炸。邦联军火力集中，命中率很高。炮弹炸毁了树上的树叶。联邦军士兵连同脚下的泥土都被高高炸起，土地就像被犁过一样，肉身根本无法抵挡这样的轰炸。当二十三团的士兵们向着邦联军的防线匍匐前进时，一波大面积的霰弹从天而降，一百多名士兵无处可躲，或死或伤，其中包括海斯上校在内的五名指挥官，而海斯上校的一只胳膊被炸伤了。

不过，这支英勇的部队并没有撤退，首先，他们找到了附近的岩石暂做掩护，然后，他们接到命令，让 J.C. 康姆利少校临时指挥作战。J.C. 康姆利少校也是一位勇敢的指挥官，沉着冷静地指挥部队发动一次又一次进攻，毫无惧色，尽管地上铺满了士兵们的尸体。那场战斗异常可怕，对部队是一次严峻的考验。士兵们私底下也悄悄议论，以为海斯上校牺牲了。

等候增援时，他们发现邦联军的一支侧翼在移动，不过没人敢轻举妄动，士兵们也不知道该向哪里的邦联军开火，突然，海斯上校出现在了士兵们面前，胳膊上绑着一条手帕的他重新回到了战场，开始重新指挥二十三团作战。海斯上校的回归鼓舞了士气，二十三团的士兵们做好了再次发动进攻的准备。不久之后，他们便再次与邦联军的侧翼部队展开厮杀，并与之战斗了整整一天。

对二十三团来说，这是一场既悲伤又光荣的战斗。悲伤是因为二十三团的很多士兵都被霰弹炸倒在地，而那些侥幸躲过霰弹的士兵却只能眼睁睁地看着他们的战友在战场上痛苦地呼喊，自己却无能为力。光荣是因为他们在战场上又重新开始向前进攻，跟斯卡蒙上校作战旅共歼敌两个师。他们和纽约第四十五团、宾夕法尼亚第一百团英勇作战，冲锋陷阵，从得意忘形的邦联军手里夺回炮台。

联邦军沿着崎岖的山路冲向山顶

联邦军与邦联军交战

第11章　南山之战

最后，二十三团的士兵死的死，伤的伤，虽然仅剩一百多人，但仍寸土不让，继续奋勇拼杀。

当时，他们的军旗已经千疮百孔，被邦联军的子弹一次又一次射穿。他们的指挥官海斯上校也一直战斗在第一线，直到最后因失血过多而昏倒在地。后来，海斯上校的英勇得到了雅各布·D.考克斯将军的高度赞扬。此战之后，经历了战火洗礼的二十三团成了一支可靠的部队。在南山战役中吸取的教训和获得的经验，以及指挥官的临场发挥，使他们在日后的战斗中沉着冷静，坚不可摧。

第 12 章
负伤和升迁

负伤的影响——妻子的寻找——晋升为二十三团团长——加入卡诺瓦团——阻止摩根从俄亥俄州逃脱——度过一年安静的军旅生活

士兵们把海斯上校从战场上抬下来后，医疗队把他安置在了山下一个满是伤兵的小屋子里。当时，海斯上校已经筋疲力尽，虽然他们团的外科军医、海斯上校的姐夫韦伯立刻准备给他做手术，但海斯上校本人不打算要他的胳膊了，想让韦伯给他截肢。

因伤离开战场之后，海斯上校就一直躺在病床上。安提塔姆战况瞬息万变，他的二十三团依旧在战场上奋勇杀敌，屡立战功。与此同时，辛辛那提的报纸也刊登了此战的阵亡名单和伤员名单，看到海斯上校出现在伤员名单上后，他的妻子露西·韦尔·韦伯迫不及待地想去找他。他的伤势是她所有的牵挂。伤员被安置在了战场后方——距战场约二十英里的各个屋子、马棚或仓库里，海斯上校的妻子露西·韦尔·韦伯找了好久才找到海斯上校养伤的屋子。

《辛辛那提商业期刊》的一位作者这样描述安提塔姆战役之后的情况：

在安提塔姆的医院和战场附近转了一圈后，卢克上尉、

海斯上校的妻子露西·韦尔·韦伯

军医处处长韦伯医生和其他几名外科医生乘火车一同前往弗雷德里克。车上挤满了伤兵，而弗雷德里克的所有教堂、旅店和各种公共场所也都早已做好准备，等待伤员和医生的到来。

虽然火车到达米德尔敦镇时天色已晚，但镇上的人依然强烈要求火车多停留一段时间，以便他们能够给伤员提供更多的咖啡、茶水或者其他补给。因此，火车在那里停留了三四个小时。停留期间，韦伯医生和卢克上尉到镇上走了走，询问了伤兵们的情况。令他们感到惊讶的是，有的士兵说，海斯上校也在这个小镇上。于是，他们立刻想办法找来一个小提灯，开始寻找海斯上校。

为了寻找海斯上校，军医韦伯和卢克上尉提着灯笼走访了数十家收留伤兵的家庭。功夫不负有心人。最后，他们来到了一间破败不堪、年久失修的二层砖房前。他们踩着摇摇晃晃的楼梯上了楼，穿过一个狭窄的过道，来到过道两旁一间间狭小的屋子后，终于在一间小屋里找到了海斯上校。当时，海斯上校正躺在一张床上，他的妻子和姐夫在一旁照顾他。据说，为了寻找受伤的海斯上校，他的妻子走遍了华盛顿大大小小的医院。最后，在得知海斯上校在米德尔敦后，她立刻赶到了那里。不久，她终于找到了海斯上校。

看到军医韦伯和卢克上尉来访后，海斯夫妇很是高兴。军医韦伯查看了海斯上校的伤势，他们交谈得很愉快。在军医韦伯和卢克上尉到访前的几个小时，为了展现军人气概，海斯上校还要求他的姐夫韦伯竭尽全力地保住了他的

第12章 负伤和升迁

胳膊。仔细检查完海斯上校的伤势后,军医韦伯也支持韦伯医生的决定。听到这个消息后,海斯夫妇倍感欣慰。

临别前,海斯上校忍着伤痛对他的故友说道:"告诉托德·罗宾逊·考德威尔州长,成功没那么容易,在接下来的对抗中,我们既需要艰苦的战斗,也需要公正的判决。"

海斯上校的伤不时复发。有好几周,他不得不忍受剧痛。战场上,二十三团进进退退。最后,1862年10月8日,二十三团和卡诺瓦师奉命回到了西弗吉尼亚,于1862年10月15日抵达克拉斯堡。到达克拉斯堡后,二十三团的士兵们得知埃利亚克姆·P.斯卡蒙上校已被授予准将军衔,丹尼森州长也撤回了与海斯上校有关的七十九团的任命,仍命其担任二十三团的团长。得知这个消息后,二十三团士兵们特别高兴。但后来,海斯上校伤势痊愈后并没有回到二十三团担任团长,指挥该团后期的战斗。1862年12月,他奉命到赫赫有名的卡纳瓦团任职。从那时起,直到1863年3月这段时间里,海斯上校度过了一段相对安静的时光,士兵们也终于有时间好好休整一番了。不过,1863年3月15日,他们突然接到命令,向弗吉尼亚州的查尔斯顿进军。在那里,他们向南方邦联军发动多次进攻,破坏了他们的商店、军火库、制衣厂和庄稼,也抓了很多俘虏。一位和海斯上校关系密切的作家这样描述那次军事行动:

1863年6月,一支由三名准将率领的远征军——军中有大量骑兵和炮兵,海斯上校也是其中一员——奉命前往弗吉尼亚州南部,准备拿下索尔特维尔,切断弗吉尼亚州和田纳西州之间的铁路。从卡诺瓦河上游出发后,这支远征军穿过了荆棘密布、杂草丛生的村落，翻过了几座大山，成功炸毁了铁路，突袭了临近的村庄。做完这一切之后，这支大军再次踏上了枯燥乏味、充满艰辛的征途，于1863年7月23日抵达费耶特维尔。在此期间，这支部队处于完全失联状态，完全不知道其他地区发生了什么惊天动地的大事——维克斯堡投降，罗伯特·E.李将军在盖茨堡战败，以及约翰·亨特·摩根突袭了俄亥俄州北部。

抵达费耶特维尔之后，急于获取情报的海斯上校直奔电报局。来到电报局后，还没来得及下马，海斯上校就隔着窗户对里面的人喊道："有什么新闻吗？"电报局里的人正准备简单说一下这段时间的消息时，一封电报发了过来，因此，这个人说道："请稍等一会儿，我需要接一封电报。"下马后，海斯上校随即走进了电报局的办公室，然后，他立刻看到了这样一条信息："约翰·亨特·摩根正率军穿过派克顿的赛欧托，朝着加利波利斯前进。"看到这则消息后，海斯上校很震惊，他喊道："约翰·亨特·摩根在俄亥俄州？他准备率军前往加利波利斯？"

电报局里的电报员解释说："与邦联军交战时，对方惨败，很明显，他们是想沿着俄亥俄河从加利波利斯逃跑，而且他们也可以从那里获得补给。"

海斯上校马上意识到了当下的紧迫局势，于是，他立刻给军需处发电："查尔斯顿还有没有汽艇？"

"有，两艘！"回电快速明了。

"马上把它们发到加利波利斯。"海斯上校迅速回复。

遭受战争破坏的查尔斯顿

"好的。"查尔斯顿的电报员回答道。

一看完回复，海斯上校就跳上马鞍，飞奔回十五英里外的军营。虽然回到军营时夜幕已经降临，但他还是第一时间把军情和电报信息告诉了斯卡蒙将军，并请命率两个团和一支炮兵部队快速赶往加利波利斯。

出发前，海斯上校向士兵们指明了这次行动的任务，士兵们高呼："必胜！必胜！"那天晚上月光被云雾挡住，一片漆黑，所以他们只能等到云雾散开后再行动。半个小时后，海斯上校率军出发，沿着崎岖的山路摸索前进。整个晚上，他们都是负重前行，当晨光开始慢慢投射在山顶时，加利波利斯附近的卡诺瓦谷的制高点已经可见。接着，在拐弯处，他们看到两艘汽艇正从河上飞驰而来。海斯上校率领的部队和那两艘汽艇几乎同时抵达码头。一小时后，将士们登船完毕，汽艇全速驶往卡诺瓦。当时，经过一夜急行军，已经筋疲力尽的士兵们直接在汽艇的夹板上睡着了。

第二天早晨，汽艇到达加利波利斯，船上的士兵纷纷下船，找位置布防。不过，在距加利波利斯还有六英里时，约翰·亨特·摩根的侦察兵发现了海斯上校的部队。因此，约翰·亨特·摩根立刻率部北上，径直赶往俄亥俄州的波默罗伊。得知约翰·亨特·摩根率部改变行军路线后，海斯上校立刻率部登船，准备去拦截约翰·亨特·摩根的部队。当海斯上校率部到达渡口时，约翰·亨特·摩根正率部向波默罗伊移动。

发现海斯上校率部紧追不舍后，约翰·亨特·摩根再次改变行军路线。虽然约翰·亨特·摩根麾下的士兵们已经疲惫不堪，但相比艰难的行军，他们更害怕与联邦军遭遇，所以他们再次快速整队，赶往距河岸更远的巴芬顿岛。在那里，约翰·亨特·摩根发现了一

第 12 章 负伤和升迁

艘汽艇，因此，当海斯上校率部抵达那里时，虽然约翰·亨特·摩根的大部队依然在河的这边，但约翰·亨特·摩根已经率领三百多人渡过了河。不过，在发现自己的部下将要被拦截时，约翰·亨特·摩根又返回了河对岸，与大部队同生共死。

经过一番激战后，约翰·亨特·摩根部不敌联邦军，准备再次逃跑，逃往河对岸的上游。但这次，他失去了最后的逃跑机会，爱德华·亨利·霍布森将军和沙克尔福德将军的部队早已在那里设下埋伏，最后，约翰·亨特·摩根不得不率部投降。海斯上校成功拦截了约翰·亨特·摩根的队伍，粉碎了他的逃跑计划。俘虏约翰·亨特·摩根后，海斯上校立刻率部返回了弗吉尼亚州，向埃利亚克姆·P.斯卡蒙将军汇报了战况。

接下来的一年里，海斯上校所在的部队虽然几乎没有参与什么

约翰·亨特·摩根（右一）与同僚

重大战斗，但时刻处于备战和高度警惕状态。1864年4月29日，平静的日子被打破，卡诺瓦师奉命参与卡诺瓦河上游布朗斯顿附近的战斗。在弗吉尼亚州和田纳西州铁路附近，他们组成一支突击队与尤利西斯·格兰特的部队会合。接着，他们与邦联军进行了数场殊死战斗。因在战斗中的不俗表现，他们渐渐得到更多人的关注。

第 13 章
克洛伊德山战役

进军卡纳瓦——克洛伊德山——海斯上校的任务——邦联军的防御工事——海斯上校的指挥——捷报频传——惨烈厮杀——突破邦联军防线——长途涉险——难撤退——抵达弗吉尼亚——抵达斯汤顿

尤利西斯·格兰特将军认为，切断罗伯特·E. 李将军部队的铁路补给线是赢取战争胜利、进军里士满的先决条件，因此，驻扎在西弗吉尼亚州的乔治·克鲁克将军接到命令：举全军之力，务必切断弗吉尼亚州到田纳西州的铁路，尤其是新河桥附近的那一段。

接到命令后，乔治·克鲁克将军随即将之传达给全军。海斯上校率领的作战旅也在其中，但当时乔治·克鲁克将军的部队只有不到七千五百人。想以这样的兵力长驱直入，直接插入邦联军腹地，结果可想而知。不过，乔治·克鲁克将军并不知道，当时，弗朗茨·西格尔正率部挺进谢南多厄谷，威廉·特库姆塞·谢尔曼正率部前往亚特兰大，而尤利西斯·格兰特将军也在率军全速赶往里士满。为了防止邦联军合兵一处，兵力集中，联邦军一直在移动，以吸引邦联军的注意力。

虽然困难重重，但乔治·克鲁克将军还是率部翻越冰冻的雪山、蹚过没膝的河水，日夜兼程地赶往目的地——新河桥附近的铁路。临近目的地时，乔治·克鲁克将军派出的侦察兵报告说，铁路就在前面这座山的后面，但山上布满了严密设防的邦联军。

乔治·克鲁克将军虽然担忧，但别无选择，只能派人攻下眼前这座满是草木乱石的山。好像是命中注定一样，因为海斯上校久经战场、经验丰富，有"常胜将军"之称，所以攻山的重担就交给了海斯上校统率的作战旅。当时，因为邦联军都隐藏在茂密的树林里，所以海斯上校根本无法估计出邦联军的兵力。不过，从邦联军持续不断的枪声和炮声中，海斯上校判断邦联军的兵力不弱。而且占据地利的邦联军还在山上的三个制高点加强了兵力。为了便于士兵相互掩护，邦联军呈阶梯式布防。

　　作为进攻方的联邦军必须穿过一片长约六百码的开阔草地，蹚过一条深河，爬上山坡，然后与已经做好防御准备的邦联军战斗。更糟糕的是，山坡上到处是倒下的树木和隐藏的陷阱，使进攻更加艰难。不过，负责进攻的海斯上校还是率领着作战旅快速前进。

　　发起进攻后，虽然邦联军火力凶猛，但海斯上校头脑冷静，率领士兵们从一个点移动到另一点，在这个过程中，士兵们不仅动作灵活，而且始终保持着战斗队形。在海斯上校的率领下，士兵们信心满满，斗志昂扬，对胜利充满渴望。穿过草地后，他们在深不见底的河水前稍做停留，之后蹚过河水，呼喊着冲进灌木丛，像松鼠一样穿梭于丛林之中，从容面对树林里穿出来的子弹。他们就这样以"一"字队形向山上快速攀爬，在邦联军装填子弹的空当，他们集中火力击毙邦联军的火枪手。当时，海斯上校部队的一个神枪手一枪击毙了邦联军的一个将领。子弹射穿了那个将领的军帽——占领那座山后，那顶军帽成了这位士兵的战利品。在部队有条不紊的进攻下，邦联军惊慌失色，狼狈撤退。攻下第一个山头之后，海斯上校率部继续进攻，用同样的方法拿下了第二个山头。经过这一轮猛攻，邦联军防线瞬间崩溃，快速撤退到他们最后的据点。

乔治·克鲁克将军

谢南多厄谷

联邦军与邦联军激战

最后据点的攻防战堪称美国战争史上最激烈、最残酷的战斗之一。得到后续增援的邦联军兵力增强，与联邦军进行了几分钟枪战，接着是近身肉搏。很多士兵扭打在一起，滚下山坡，撞到了石头上。联邦军稍做整顿时，邦联军也快速地给他们的步枪上火药。为了拖延联邦军的进攻、掩护枪炮的转移，邦联军士兵不惜用身体去挡子弹。南方邦联军的弥迦书·詹金斯将军战死后，海斯上校率部迅速插入邦联军后方，和士兵们一起呐喊，并肩作战。之后，海斯上校更是率部击溃了邦联军的防线，向山下的铁路进军。距克罗伊德山八英里的都柏林站是连接弗吉尼亚州和田纳西州的铁路枢纽。因为担心邦联军会加强那里的防守，所以在突破克罗伊德山之后，海斯上校立即令全军连夜赶往铁路站，破坏了林奇堡通往都柏林站的八英里铁路，还烧毁了新河桥。部队出色地完成了任务。战后，尽管士兵们都已经疲惫不堪、伤痕累累，但为了避免被邦联军包围，同样疲惫的海斯上校还是立刻下令北上。海斯上校选择的撤退路线要经过梅多布里奇和盐池山，这条路可谓阿勒格尼山脉中最难走、最危险的一条路。路上尽是石头和裂缝。更糟糕的是，那段时间里，大雨连绵，山洪暴发，河水冲断了小路。而且因为大雨，士兵们的枪也出了一些问题。更严重的是，他们携带的食物也开始变质。除了这些艰难险阻，他们还要和不时出现的邦联军交战，不得不一边爬山一边战斗。有一次，部队陷入了邦联军的包围圈。疲惫不堪、衣衫褴褛的将士们竭尽全力与顽强的邦联军抗争到底。而这支邦联军就是被海斯上校在克洛伊德山击败的那支部队。

　　最后，这支筋疲力竭的邦联军终于回到了他们的老营地——布拉夫草地。稍做休息，并补充给养后，这支邦联军于1864年6月8日前往斯汤顿，与约翰·亨特·摩根将军率领的部队会合。

第 14 章
林奇堡战役

行军第一天——前往林奇堡——邦联军出现——夜间撤退——海斯作战旅英雄般的表现——行军的艰难——海斯在布福德山口的防守——被邦联军包围——一位军官的日记

1864年6月10日，邦联军从斯汤顿出发，向林奇堡移动。而海斯上校的部队作为联邦军先锋，连续行军二十三英里，而且在前进途中还要应对邦联军的骚扰，不断与邦联军进行小规模的战斗。

因为急于赶路，大部队快速穿过肯塔基州的列克星敦、弗吉尼亚州的布坎南县和詹姆斯河畔的几个小镇，最后到达弗吉尼亚-田纳西铁路上的一个站点。当时，大部队距林奇堡西部还有段距离。1864年6月14日，大部队沿着铁路继续前进，于1864年6月18日抵达林奇堡。之后，乔治·克鲁克将军与海斯上校的作战旅奉命前往邦联军驻守的城市后方，经过长途奔袭，到达目的地，向邦联军发起持续进攻。但后来邦联军大量增援，让亨特将军又开始对乔治·克鲁克部发起反击。战略撤退时，海斯上校的作战旅碰见增援的邦联军，便对其进行了有效压制。但因为邦联军顽强抵抗，所以双方交战了一整天。

夜幕降临后，亨特将军令其部队向西移动。与此同时，海斯上校率部负责掩护大部队撤退。尽管两天两夜没有合眼，一天没有吃饭，作战旅的士兵们还是出色地完成了任务。快撤到从弗吉尼亚到田纳西铁路上的那个站点时，邦联军也紧随而来，海斯上校立即传令作战旅：停止前进，阻击邦联军，以此给大部队撤退争取时间。待大部队全部顺利撤退后，作战旅紧随其后。

1864年6月19日白天，海斯上校所部在撤退过程中与邦联军多次交战。当天晚上，他们又与邦联军的主力部队进行了一场恶战。整整一天，他们根本没有什么休整时间。上帝似乎是要考验他们的忍耐力。到1864年6月20日早晨，他们刚刚到达布福德缺口，那里便出现了大量邦联军。邦联军的意图很明显，那就是占领高地，阻击撤退的联邦军。

为了保证火力可以覆盖通往布福德缺口的道路，阻击邦联军，掩护其他部队平安撤退，海斯上校立刻布置兵力防线。结果，士兵们在各自的位置上守了整整一天。到了晚上，待其他部队撤出邦联军的火力范围后，海斯上校即刻率部撤退。然而，快要抵达塞勒姆时，体力极度透支的他们遭遇了一支邦联军的前后夹击。疲惫之师身处绝境，在这样的情况下，很少有将领能够率部摆脱困境。不过，海斯上校充沛的精力、昂扬的斗志给了士兵们力量，再来一战又有何妨！因为海斯上校与士兵们同呼吸共命运，并肩作战，共度艰难，所以士兵们发誓要和海斯上校一起，奋战到底。于是，士兵们重整旗鼓，又进行了一场血战之后，回到营地。经过四天的不眠不休，他们终于可以好好休息一下了。

追击到北山后，邦联军作罢。当时，联邦军的补给消耗殆尽，附近的村落也因为之前的战火被摧毁。不过，联邦军还是靠着仅有的物资坚持着，于1864年6月27日抵达大塞维尔山，在过去的八天半里，共行军一百八十三英里。身体虚弱、筋疲力竭的士兵稍做休整后，继续向查尔斯顿进发，并于1864年7月1日抵达那里。

林奇堡

《纽约时报》曾发表过一篇文章。在文章中，这位作者引用了一位军官的日记，这位军官曾和海斯上校并肩作战。在此，为了更好地向读者呈现那次战争的细节，我们引用了日记中的部分内容：

1864年6月19日，部队行进的速度很慢，走了整整一天。大家什么都没吃，由于火车运送的食物先行到了前方的塞勒姆，所以大家还有一段路要走。士兵们居然能忍耐到这种程度，真是让人难以置信。不仅如此，即使到了这种地步，他们虽然都已极度疲惫，却也依然默默地坚持着，没有丝毫怨言，没有多说半个字。天色很快暗了下来，在利伯蒂，我军与邦联军的先遣部队进行了一场遭遇战。

1864年6月20日10时，我们抵达布福德缺口。在夜幕降临之前，乔治·克鲁克将军部和我们的作战旅一直坚守着缺口。士兵们小心谨慎，不想再因与邦联军的小冲突而拖延时间了。1864年6月20日晚上，我们接到海斯上校的命令，待乔治·克鲁克将军部队撤退完毕后跟随撤退。部队行军一整晚，于1864年6月21日9时左右到达塞勒姆。一支邦联军骑兵夺取了我方火车上的大量枪炮后，对先行穿过塞勒姆的乔治·克鲁克将军部进行前后夹击。

一场激战后，我方部队突出重围，好在损失不大。接下来的一天里，我们边跑边打，没有食物，没有休息。1864年6月21日22时，到了北山脚下，士兵们才终于可以休息。

1864年6月22日4时，大军再次动身出发。开始撤退以来，我军第一次失误，走了八英里竟然一无所获。于

联邦军的炮兵袭击邦联军

联邦军为阻止邦联军进攻而构筑的临时防御工事——树栅

是，饥肠辘辘、缺衣少食的我们拖着疲惫的身体继续前进。在过去差不多九天时间里，我们走了一百八十英里路，一路战争不断，几乎没吃什么东西。1864年6月27日，我们在大塞维尔山遇到一列供应食物的火车，士兵们发疯似的跑向火车，开始大吃特吃，一路上吃个不停，整整吃了一晚上后，才安营休息。

内战结束十年后，当通过文字再次体会这样的场景时，我们总觉得像做了一场大梦。美利坚合众国打响了一场正义的战争，并出色地完成了它的使命。

第 15 章
谢南多厄谷战役（上）

与朱巴尔·安德森·厄尔利部交战——海斯上校率部掩护主力部队撤退——卡诺瓦师菲利普·谢里丹将军的选择——深入敌后——俘虏——贝里维尔战役——尤利西斯·格兰特将军的命令——温彻斯特战役打响——海斯上校的作战旅发威——海斯上校史诗般的指挥——击败朱巴尔·安德森·厄尔利——邦联军在北山的侧翼

朱巴尔·安德森·厄尔利率邦联军从里士满出发，向西直奔林奇堡获取救援物资，然后前往马里兰州。1864 年 7 月 10 日，在查尔斯顿休整待命的乔治·克鲁克将军所部奉命乘火车向东移动，于 1864 年 7 月 14 日抵达马丁斯堡。海斯上校部队则于 1864 年 7 月 18 日动身，前往距哈帕斯渡口十英里的凯布尔镇，进攻邦联军的防线。朱巴尔·安德森·厄尔利将军率部在华盛顿防区周旋后，准备从马里兰撤退。霍雷肖·赖特将军则率领第六联邦军紧追不舍。最后，双方在斯尼克山口交战，邦联军击退了联邦军的追赶，但损失惨重。

邦联军继续撤退，准备前往戈登维尔。1864 年 7 月 22 日，海斯上校奉命率作战旅和两队炮兵前去侦察敌情。因为未能及时与谢南多厄谷另一侧的主力部队联络，孤军深入的他们被邦联军的两个骑兵师包围。幸运的是，海斯上校率部突围成功，于 1864 年 7 月 23 日抵达温彻斯特，与乔治·克鲁克将军部重新会合。

1864 年 7 月 24 日，乔治·克鲁克将军率军继续前进，轻松歼灭邦联军的骑兵后，准备在山谷阻击撤退的邦联军。然而，朱巴尔·安德森·厄尔利的主力部队突然从科恩斯镇附近杀出，紧紧咬住乔治·克鲁克将军部队的左翼。最终，损失惨重的乔治·克鲁克将军不得不率部迅速撤离，撤往马丁斯堡。为了掩护乔治·克鲁克将军主力部队撤离，海斯上校在左翼指挥战斗，有效地压制了朱巴尔·安德森·厄尔利部队的进攻，使联邦军免受灭顶之灾，保证了他们的火车和炮兵部队的安全。接着，海斯上校率部与朱巴尔·安德森·厄尔利进行周旋。此次战斗虽然不是大会战，但也不乏战斗英雄。

1864年8月7日，菲利普·谢里丹将军接管中部战区，命卡诺瓦师——海斯上校的作战旅所在部队——和他带领的骑兵部队一起对朱巴尔·安德森·厄尔利的防线发起猛攻。不过，实际上，当时的菲利普·谢里丹将军还没有做好发起全面进攻的准备，他这么做只是想呈现一种战斗状态，以免被派去里士满与罗伯特·E. 李将军率领的南方军对抗。在此之前，他已经这么做过好几次，而他这种自私的行为也导致战场上的兵力分布失衡。

一周之内，双方正面交锋不到三次。海斯上校的作战旅不仅时常挑衅朱巴尔·安德森·厄尔利的防线，还深入邦联军内部，迫使邦联军转移营地。每次去执行这样的冒险任务前，作战旅的士兵们都担心能否与主力会合，但上帝似乎特别眷顾他们。每次他们都能有惊无险地逃脱险境。联邦军时刻保持着备战状态，屡战屡胜，士兵们对自己和首领的信心也大大增强。

1864年8月23日，朱巴尔·安德森·厄尔利展开报复性还击。菲利普·谢里丹在霍尔敦的前哨部队遭到重创。不过，朱巴尔·安德森·厄尔利没有继续进攻。1864年8月23日18时，海斯上校率作战旅出击，突破邦联军的散兵线，抓获大量邦联军。

这是一次果断英勇的行动。被俘时，俘虏们不解地问："你们

朱巴尔·安德森·厄尔利

菲利普·谢里丹将军

菲利普·谢里丹将军与同僚

是从哪儿冒出来的？"1864年8月24日，海斯上校部的突袭再次取得成功，克肖部的六十名军官和一百名士兵成为海斯上校的俘虏。

接下来的一段时间相对平静。到了1864年9月3日晚，联邦军艾萨克·哈丁·杜瓦尔师团在贝里维尔进行了一场激烈的战斗，海斯上校的作战旅也参与其中。战场上，子弹横飞，炮火不断，对双方部队都是严酷的考验。防线尽管频频受到冲击，但从未有过动摇。后来，双方于1864年9月3日22时休战，各自重建防线。

此战之后，菲利普·谢里丹重新整合了他的部队。1864年9月16日，格兰特将军到他的军营查看，并给菲利普·谢里丹下令，命令只有两个字："进攻。"1864年9月19日，温彻斯特战役打响。

温彻斯特战役中，朱巴尔·安德森·厄尔利一方控制着欧派全河西岸，占据了大片的有利地形，如同一个圆形露天竞技场，而不规则的山谷相互错落，又像一个个分开的壁垒。菲利普·谢里丹的进攻策略是：通过狭窄的沟壑进入山谷，那里树林茂密、山坡陡峭，他可以充分利用地形，佯攻邦联军右翼，主攻中路，然后从左翼包抄。而朱巴尔·安德森·厄尔利的计划是：以压倒性优势击垮菲利普·谢里丹的左翼，将其分成两部分，各个击破。

1864年9月19日10时，战斗开始。第六军詹姆斯·布鲁顿·里基茨和第十九军格罗弗率各自的战斗师对邦联军右翼发起猛攻，将隐蔽在石头后面和树林里的邦联军轰了出来。乔治·克鲁克将军的部队与艾萨克·哈丁杜瓦尔的部队、约瑟夫·索伯恩部队会合，浩浩荡荡地向山谷挺进，绕道敌后，迅速控制了邦联军的左翼和后方。

看到战况危急，朱巴尔·安德森·厄尔利决定集中火力攻打詹姆斯·布鲁顿·里基茨和格罗弗的部队，迫使联邦军秩序混乱，进攻中断。眼看朱巴尔·安德森·厄尔利计划要得逞，詹姆斯·布鲁顿·里

第15章 谢南多厄谷战役(上)

基茨和格罗弗带领部队抓紧集结,重新整队,向得意忘形的邦联军发起齐射,一步步向前推进,收复失地,然后原地把守,等待乔治·克鲁克将军的总攻命令。第十九军的一个士兵这样描述那次突袭:

> 1864年9月19日15时,我们击退了朱巴尔·安德森·厄尔利部的进攻。因为我们右方的地形起伏不定,所以我无法观察到远处的战况,但我听到了那边传来的阵阵喊杀声,喊杀声持续了十几分钟。我们知道,乔治·克鲁克将军带着他的人马杀过来了。
>
> 此时,一支埋伏在远处树林中的部队出动了,他们绕到了邦联军后方。之后,我就听到我此生听到过的持续时间最长的枪炮轰鸣声,那根本就不是敌我双方在对射,而是邦联军持续不停地以步枪射击、以火炮轰炸我方士兵。听到这种声音时,我彻底绝望了,我觉得我们就要完蛋了。我觉得我们的那支部队根本承受不住这样的攻击。部队右翼的一名少校刚好能够看清前方的情况,据他说,我方士兵队伍整齐地向邦联军前进,尽管士兵一个个受伤,一个个倒下,但其余的士兵仍旧步伐坚定,斗志昂扬。

海斯上校的作战旅就在其中,而且是先锋部队。在乔治·克鲁克将军率部前进的过程中,这支作战旅势如破竹地向前进攻,大部队跟在他们身后持续推进,在散兵部队的掩护下,击退了邦联军的骑兵。穿过两三个宽阔地带后,作战旅再次与邦联军交火。占领了一处高地后,由于视野开阔,他们对其步兵和炮兵进行了疯狂轰炸。海斯上校随即令部队快速前进,穿过厚厚的草丛,来到一个五十码

温彻斯特战役中联邦军发起进攻

联邦军展开队形发起进攻

联邦军的骑兵发起冲锋

第15章　谢南多厄谷战役（上）

宽的泥坑里，将他的战线全部拉开。士兵们的脚下是一深一浅的软泥，身旁是横飞的子弹，附近还有一条黑漆漆的约十英尺深的河。

再往前就是邦联军的炮位，虽然不是很稳固，但泥沼给了它很好的保护。关键时刻到了，作战旅必须向前冲，绕过邦联军的炮位。他们可能会遭到邦联军的炮轰，可能还会失去主力部队的支援。

观察了战局之后，海斯上校斩钉截铁地对士兵们喊道："前进！"然后，他便带头冲进了可怕的河水中，还险些从战马上摔下来。刚开始，战马的头部还偶尔浮出水面；后来，踩到湿软的河底后，那匹战马的头就再也没有出来了。海斯上校立即下马，来到河对岸，摘下帽子示意他的部下赶紧过来；虽然有些士兵中枪倒在了河中，但大部分士兵还是很快与海斯上校会合，接着爬上河岸，擦拭他们的武器。

海斯上校所部如此大胆的行动吓坏了邦联军。于是，邦联军随即放弃了追击，撤回了炮兵，慌乱地逃离。几分钟后，海斯上校整军完毕，率部移动到了深渊的另一边，继续前进。

当邦联军整理队伍、组织战线时，海斯上校的作战旅发动了一次又一次紧迫的进攻。进攻过程中，艾萨克·哈丁·杜瓦尔上校受了伤，被抬下了战场。海斯上校替他指挥作战。尽管海斯上校的副官倒在了自己旁边，尽管他周围的士兵也一个接一个地倒下，但他仍率部冲在前面。全军上下向着胜利向前冲！这时，邦联军后方受到攻击，一度陷入混乱。远处跟随右翼部队移动的骑兵像飓风一样将他们击倒在地。有位士兵这样描述他从远处看到的场景：

> 在距离我们半英里远的地方，乔治·克鲁克将军的纵队占领了周围都是堡垒的制高点。我们看到一条又长又黑

的线正向山坡移动，听到山顶上响起了持续不断的枪声，随后又听到了士兵们胜利的欢呼声。朱巴尔·安德森·厄尔利部节节败退，无心也无力再战的他们迅速撤退了。

朱巴尔·安德森·厄尔利部队迅速撤到距温彻斯特南八英里的费舍尔山，在北山和曼萨努藤山之间选了一个有利位置驻守。菲利普·谢里丹将军率部紧随其后，并于1864年9月22日发起强攻。在进攻中，菲利普·谢里丹再次使用了在欧派全河使用的战术，第六军和第十九军进攻邦联军的中路和右翼，乔治·克鲁克将军率部绕到邦联军右后方进行包抄。在狭窄的峡谷里，作为包抄部队先锋的作战旅多次与邦联军交锋，然后抵达了朱巴尔·安德森·厄尔利部队的侧翼。朱巴尔·安德森·厄尔利部的侧翼在北山的陡坡上，

被俘虏的邦联军士兵

第15章 谢南多厄谷战役（上）

这个陡峭的山坡易守难攻，而且坡上尽是树木和灌木丛，很难通行。但海斯上校仍然成功地率作战旅悄悄地摸到了邦联军后方，并成就了一次完美进攻，打了邦联军一个措手不及。在作战旅的猛攻下，邦联军毫无还手之力，丢盔弃甲，落荒而逃，还有几百人被联邦军俘虏。与此同时，朱巴尔·安德森·厄尔利部的中坚部队也被攻破。因此，朱巴尔·安德森·厄尔利只能再次率部快速撤退。在撤退的过程中，邦联军毫无队形可言。在整个侧翼进攻中，海斯上校的作战旅一直担当部队的先头部队。他的胆识和魄力极大地激发了士兵们的斗志，使他们越战越勇。

第 16 章
谢南多厄谷战役（下）

锡达溪战役——朱巴尔·安德森·厄尔利率部夜间行军——约瑟夫·索伯恩作战旅失利——海斯上校撤退——海斯上校英勇奋战——海斯上校率部支援菲利普·谢里丹——海斯上校昏迷——菲利普·谢里丹的行动——朱巴尔·安德森·厄尔利败退——海斯将军的军人本色

北山战役结束不到一个月，朱巴尔·安德森·厄尔利重整旗鼓，扩充兵力。菲利普·谢里丹率领骑兵袭击朱巴尔·安德森·厄尔利所在的山谷后，撤到了距费舍尔山六英里的锡达溪。然后，菲利普·谢里丹飞速赶往华盛顿，将部队的指挥权移交给了霍雷肖·赖特将军。

大部队占领高地后，乔治·克鲁克将军部继续前进，它的右边一英里处是威廉·赫姆斯利·埃默里的第十九军，再右边是霍雷肖·赖特将军率领的第六军——它由一个骑兵师护卫。

乔治·克鲁克将军的部队剩下约四千人，由两个师组成，分别由海斯上校和约瑟夫·索伯恩指挥。

海斯上校的部队与第十九军的战线相连，约瑟夫·索伯恩部则在海斯上校部前方一英里处，有胸墙作掩护。左路最近的部队是联邦军的骑兵——皇家堡垒——距海斯上校部和第十九军约八英里。

乔治·克鲁克将军已经向上级申请调派一个骑兵师掩护他左翼部队附近的谢南多厄河浅滩。上级同意了他的申请。但不幸的是，这支增援部队并没有按照指令到达指定地点。

注意到对方骑兵的空缺后，厄尔利马上命隐蔽在费舍尔山下树

第16章 谢南多厄谷战役（下）

林里的部队秘密出动，穿过锡达溪，来到联邦军的侧翼和后方待命。厄尔利运气不错，1864年10月18日晚上，突起大雾，一片黑蒙蒙的，伸手不见五指，厄尔利便趁此机会令部队行动。他先派一个师向西前进，分散联邦军注意力；主力部队则避开大路，选择临近联邦军左侧，少有人走、满是灌木的山间小路，在谢南多厄河的北岔口两次险渡浅滩。

此前，乔治·克鲁克将军以为上级调派的骑兵一定能守住浅滩，所以并没有过多关注那里。然而，由于骑兵防守的缺位，当厄尔利率部绕到联邦军侧翼发起进攻时，联邦军根本没有任何防备。黎明时分，邦联军到达预定位置，开始等待进攻的命令。当黎明的阳光渐渐照射大地时，厄尔利下令进攻。那时，山谷里满是邦联军的呐喊声和步枪的射击声。声音从联邦军的侧翼由远及近，迅速传来。听到这些声音后，联邦军知道，邦联军来了，侧翼失守了。接下来，厄尔利部排山倒海地压来，很快便吞噬了约瑟夫·索伯恩部。已经被打乱阵脚的约瑟夫·索伯恩部根本无法抵挡如此猛烈的进攻。因此，约瑟夫·索伯恩麾下的士兵们大都慌忙地向后方逃去，任凭胸墙后面的枪支弹药落入邦联军手中。

此时，海斯上校率部立刻向前突进，挡住了迎面而来的邦联军。不过，一万四千多人的战斗师很难对邦联军的进攻形成压制。

首战告捷之后，厄尔利部士气大涨。紧接着，茂密的森林里又涌出大量邦联军，他们如潮水般攻向海斯上校的战斗师。

在这种情况下，完全抵挡邦联军的攻击是不可能了，甚至于这个想法都很愚蠢。因此，当邦联军向海斯上校部队的侧翼和后方逼近时，海斯上校立刻率部快速有序地撤退，并始终保持队形。撤到后方后，海斯上校马上布置防线，遏制邦联军的进攻。

威廉·赫姆斯利·埃默里

霍雷肖·赖特

由于前线失利，乔治·克鲁克将军部被迫在第六军的左路重新整合。为了避免邦联军拦截联邦军物资，他们迅速开动火车，准备出发。但菲利普·谢里丹的火车还是被邦联军包围。当战火蔓延到火车附近时，海斯上校立刻率部赶去支援，有效地阻止了邦联军的进攻。但后来，有些位置火力太猛，开始吃紧。见此情景，为了鼓舞士气，海斯上校飞速跑到士兵们的身边，亲自率部发起反击。他们爬上一个小山坡，逼近邦联军，展开猛攻。战斗中，海斯上校的战马多次中弹，最终在奔跑时突然跌倒。海斯上校也从马上跌落，一只脚因被马镫卡住而受伤。从马上跌落后，海斯上校一动不动地躺在地上。那时，士兵们都以为海斯上校牺牲了。后来，当海斯上校的脚渐渐恢复知觉后，他马上冒着枪林弹雨向他的部队跑去。菲利普·谢里丹的火车终于顺利脱险，不过那时，作战师也无力再战，因此，他们随即全线撤离。联邦军的情况越来越糟。邦联军则士气高昂，不断前进，后来选择了一个有利位置，大败联邦军，之后才停止追击。

俄亥俄州第二十三军的 J.C. 康姆利将军这样描述当时的情况：

乔治·克鲁克将军在战线后方显眼处放了几把手枪。摔伤后，海斯上校就躺在附近。他先前懊悔自己的部队没能突破邦联军防线，如今却反攻为守。突然，大军后方通往温彻斯特的路上尘土飞扬。人们还没缓过神来时，一个身穿少将军服、骑着一匹黑斑战马的人飞奔而来，来到了乔治·克鲁克将军身边。得知此人是菲利普·谢里丹将军后，士兵们一阵高呼。菲利普·谢里丹将军和乔治·克鲁克将军说了几句话，之后，乔治·克鲁克将军便拿着马鞭站到

第16章　谢南多厄谷战役（下）

高处发号施令，那短短的几句话如马鞭的声音一样干脆利落。几位军官走上前去各自领命，菲利普·谢里丹将军和乔治·克鲁克将军则伏在战壕上继续交谈。不一会儿，威廉·福赛斯将军便来到阵前大声喊道："长官，第十九军集合完毕。"菲利普·谢里丹扬鞭上马，对士兵们喊道："兄弟们，让他们也尝尝我们的厉害吧。"话音未落，菲利普·谢里丹将军便一马当先地冲了出去，士兵们紧随其后。

接下来发生的事情几乎众所周知：1864年10月19日15时，菲利普·谢里丹将军率部出发。士兵们步伐稳健，信心满满。他们穿过森林。越过废墟。炮火的轰炸声、步枪的上膛声、全军的冲锋声响彻整个战场。邦联军的防线开始动摇，邦联军的左翼也准备撤退，从早上就一直战斗在第一线的邦联军戈登作战旅也被包围，溃不成军。后来，随着邦联军加强火力，我方暂时停止了进攻，再次整军。整军完毕后，我方发起第二轮全面进攻。这次进攻，我军打得更加坚决、更加彻底。邦联军防线被全线击破后，我军乘胜追击，将残兵败将逼到我们已经用马车木箱封堵好的大路上。当邦联军逃到那里时，早已在那里恭候多时的炮兵立刻向他们开炮，无力迎战的邦联军再次丢盔弃甲，落荒而逃。若不是天色变暗，邦联军有可能全军覆没。

获胜后，菲利普·谢里丹开始命人打扫战场，整编俘虏。接下来，除了要歼灭两三支骑兵部队，菲利普·谢里丹部几乎不需要再打什么仗了，峡谷里的战斗也基本结束。

因在温彻斯特、费舍尔山和锡达溪战斗中的英勇表现和卓越战绩，1864年10月19日，海斯上校被授予准将军衔。

锡达溪战役中联邦军骑兵发起冲锋

菲利普·谢里丹将军率先冲锋

锡达溪战役中的第一佛蒙特旅

第16章 谢南多厄谷战役（下）

之后，又因为在西弗吉尼亚战斗中的出色表现，海斯准将被授予名誉少将军衔。晋升之前，海斯上校一直率领着作战旅战斗在第一线；晋升之后，他又指挥作战师继续战斗。在艰苦的战斗中，海斯四度受伤，战马换了四次；在艰苦的战斗中，海斯从不退缩，也从不邀功，一直与部下同甘苦共患难。锡达溪一战是海斯将军在开阔地带作战的最后考验。随后的几个月里，他的作战旅要么在营地休整，要么就是参与一些小规模战斗。1865年春，海斯将军领命出征，率部进攻林奇堡，途径西弗吉尼亚的山脉，因为在战前做了充分准备，所以海斯将军率部出色地完成了任务。

为了展现海斯的军人本色，我们在此引用他的一个老部下说的一段话："我跟着海斯将军打了四年多的仗。他是我见过最英勇的士兵。在联邦军的众多指挥官中，他最勇敢，也最有锐气。海斯将军是我们军队的灵魂和领袖。跟着他打仗，我们很放心，底气很足。"

另一个部队里的老兵这样描述海斯将军："大家有目共睹，海斯将军不仅是一个勇敢的士兵，还是一名优秀的指挥官。在弗吉尼亚，我曾有幸与他近距离接触。他为人爽朗，自制力强，乐于助人。战争期间，他既不失绅士风度，又尽显男子气概。海斯将军非常关爱他的部下，对他们特别友善，特别有耐心，我感觉他完全和士兵们打成了一片。作为一个指挥官，海斯将军无疑是优秀的：第一，他绝对服从上级的命令；第二，在战斗中，他表现英勇，无论前方有多少艰难险阻，他都毫不犹豫，奋勇向前。"

第 17 章
开启政治生涯

加入辉格党——对丹尼尔·韦伯斯特的崇拜——辛辛那提第一俱乐部——参加废奴大会——首度提名——在辛辛那提的口碑——在大联盟会议的决心

在州政府任职后,海斯将军的政治生涯就开始了。虽然他从来都不是一个党派狂热分子,但根据多年的经商经验和人生阅历,他觉得在辉格党更能施展自己的抱负。海斯在酒吧的朋友威廉·S.格罗斯贝克、A.R.斯波福德、戴维·霍德利、曼宁·F.福斯、爱德华·F.诺伊斯、T.C.H.史密斯、约翰·蒲柏、斯坦利·马修等人都是活跃的政治家,这或多或少影响了他。因此,慢慢地,他也开始参与到选举活动中。在讨论问题时,海斯将军常常清晰地表达出自己的见解和判断,这都是他潜心探究后的结果。

海斯将军很崇拜丹尼尔·韦伯斯特,经常读他的演讲稿,还能一字不错地背下很多篇章。

1853年,辛辛那提文学俱乐部成立。辉格党很多反奴隶人士都加入了该组织,海斯将军也在其中。随后,他成为该俱乐部的一名忠实会员。在俱乐部,海斯将军寡言少语,非必要场合下很少发言,即使在必要的特殊场合,也不会说太多。不过,在俱乐部开会时,海斯将军从不迟到,需要捐赠时也特别慷慨大方,俱乐部的会员和俱乐部的主管也都注意到了这些细节。

第 17 章　开启政治生涯

在辛辛那提文学俱乐部这个新组织中，海斯将军倾注了全部心血——他为俱乐部夜以继日地工作，研究奴隶制带来的种种问题。不过，在做这些工作时，心胸开阔的他从不抱怨。此外，因为海斯将军的所有言行都带有正义的力量和道德的共鸣，所以没有人说他是一个狂热分子。

当穆拉特·霍尔斯特德、埃格尔斯顿和美国其他党派的领袖邀请人们参加选举大会时，海斯和其他成员也在受邀行列。不过，海斯将军说他不赞成"无知"运动，他认为人类的自由应当包括奴隶制的废除。在场的人都知道，他这样说、这样做并不是为了他自己。多次接到州政府的邀请函后，海斯将军被选为州政府成员候选人，并且可以选择能够施展自己抱负的部门。此前，他曾拒绝担任法官一职。这次，他依然坚持着他的一贯作风，拒绝去州政府工作。

不过，到 1860 年大选时，海斯将军变得积极起来，共和党的胜利得益于联邦的保留。选举结束后，惊心动魄的事情一件接着一件，整个国家都没有片刻安宁。那时，海斯将军继续为废奴事业不懈努力，他为无数流亡的奴隶辩护，为废除奴隶制贡献自己的力量。虽然海斯将军在社团的影响力并不大，但因为他做的事情合情合理，所以人们都在心里默默为他叫好。1861 年 3 月 21 日，《辛辛那提报》曾这样描述海斯将军："他是一名能力出众的律师，既有很强的整合能力，又有严谨的行事习惯。他是美国历史上少有的优秀律师，同时也赢得了所有党派的赞许。"

在此，我将引用海斯将军的一段演讲，是他在 1861 年 4 月 16 日辛辛那提联邦大会上的演讲。从这里，我们便能够看出海斯将军的立场和同情心了。原文如下：

丹尼尔·韦伯斯特

斯坦利·马修

今天，我们不分党派相聚于此。辛辛那提的人民已下定决心，一致拥护祖国权威，一致抵抗叛国者和叛国州，这是我们的底线和原则，我们必须维护它。不管有什么危险，爱国主义的忠诚士兵都会挺身而出，纷纷赶来。辛辛那提的人民已下定决心，他们将会倾尽全力支持联邦政府，维护政府的权威，维护法律的尊严，维护联邦国旗的尊严。

这几句慷慨激昂的话铿锵有力，振奋人心。后来，亚伯拉罕·林肯总统也看到了这几句话，并保存在了自己的私人文件里。

从那时起，直到应征入伍前，海斯一直在不停地工作，号召志愿者入伍。为了得到全国各阶层的支持，他参加了所有会议，所有游行，举着旗帜到处游走，日夜操劳奔波。他的贡献，人民看在眼里，记在心里。

第 18 章

得到国会提名

海斯将军的话——海斯将军的经典回复——1864 年大选——人们对海斯将军的一致评价——州长提名——俄亥俄州士兵们的决定

1864 年,当俄亥俄州共和党召开第二次议会,寻找合适的候选人时,他们本能地把目光投向了海斯将军,诚挚地邀请他成为候选人。对海斯将军来说,这似乎成了一种必须担当的责任。虽然俄亥俄州强大的代表团一直在国会占有重要地位,但海斯将军还是不想接任这份工作,也不想借助支持者的力量得到什么。在大会上,他说:"如果战争停止,我会考虑此事。"根据海斯将军提出的条件,他的支持者们毫不犹豫地在选票上写下了他的名字,最后的结果也证明,海斯将军没有辜负选民的热情,他对得起他们。

因为需要战胜强大的民主党,需要战胜约瑟夫·C.巴特勒,需要撰写令人满意的演讲稿,还需要想办法安抚烈士家属,所以共和党的担子并不轻。当时,他们唯一能够依靠的就是海斯将军了,他是唯一能够担此大任的人。

不过,海斯将军并没有进行任何演说,其他人也没能说服他这么做。俄亥俄州最活跃的政客曾给他写信,急切地邀请他回俄亥俄州,开始对本州的选民进行演说工作。海斯将军则做出了如下的经典回复:

来信已阅，十分感谢！不过，我现在还有要事需处理。在这个时候，无论是谁，如果他离开了部队，去为国会竞选拉票，那么他都应该被剥皮。

拉瑟福德·伯查德·海斯敬上

虽然海斯将军拒绝了共和党人的请求，但这丝毫没有影响到他们的决心。他们依然列队游行，集会，燃放烟花，吸引民众和候选人的注意力。他们手中的火炬照亮了整个街道，也照亮了人们的心。其中一些醒目的条幅和装饰品上写着："海斯在谢南多厄谷做巡回演说！""我们的候选人（海斯）是一名英雄！""海斯是位勇士！""俄亥俄州的守护神！""安提塔姆的英雄""海斯爱他的祖国，他为国而战！""告诉托德·罗宾逊·考德威尔州长，我会选他！""我们的候选人从不撒谎，也从不空谈！""海斯和联邦在一起！"

随着大选日子临近，海斯将军的支持率越来越高，远远超过了对手，但他并不在意此事。虽然民主党人士在想尽办法攻击海斯将军，但他们的所作所为没有到达预期效果，反而让民众更加关注海斯将军。人们渐渐了解了海斯将军，知道他为人正直，于是坚决地反击任何针对海斯将军的攻击。海斯将军的一生光明磊落，坦坦荡荡，他善良、正直、爱国、干练、高尚而温文尔雅，全国人民都称赞他。当时，没有一个人控告或者诽谤他，连他的竞争对手都对其赞不绝口，民主党非常不想碰到这样的对手。

选举结束后，曾有人劝已经当选的海斯将军辞去军队的职务。对此，他反问道："作为一个国家的公民，在国家的危急关头，我怎能抛弃我的部队呢？"

海斯将军

1864年，在华盛顿过冬的威廉·约翰逊法官给海斯将军写信，问他什么时候来华盛顿，还说他能够给海斯将军提供居住的地方。的确，威廉·约翰逊法官的居所十分宽敞。海斯将军回复道："如果哪天路过里士满，我可能会去华盛顿。"

海斯将军对部下的尊重，士兵们铭记在心。正因为如此，1865年4月20日，海斯将军获得了俄亥俄州州长的提名。那时，在谢南多厄谷的俄亥俄州民众正前往温彻斯特筹备期待已久的竞选活动，在海斯将军不知情的情况下，他们在那里举行了大型集会，一致通过了下面的决议：

> 具有非凡能力和政治风度的海斯将军完全能够胜任俄亥俄州州长一职！他是一名英勇无畏的爱国士兵，在部队服役的四年里，他靠着自己的出色表现不断晋升，从少校晋升到了现在的少将。

不过，这次海斯将军直接说出了他的决定，他是绝对不会赴任的。在其他人看来，这简直荒谬至极，并且海斯将军就是这样做了。没有政治野心的他并不想担任州长，更不想参与政治事务，对政治没有任何兴趣。

第 19 章
在国会

关乎荣誉的选举——海斯将军的能力——在众议院的沉默——无关紧要的职位——日益提升的影响力——知名作家的描述——返回俄亥俄州——敌人与朋友

当海斯将军以三千零九十八票的绝对优势正式成为国会议员时，整个国家的人都震惊了。重视本次选举的选民确实选出了最优秀的人物——一位能够带领俄亥俄州走向辉煌的人物。

从此，拉瑟福德·伯查德·海斯这个名字将载入国家史册，与历史上的乔治·麦克莱伦、尤利西斯·格兰特、威廉·特库姆塞·谢尔曼、威廉·罗斯克兰斯、奥姆斯比·M.米歇尔、菲利普·谢里丹、爱德华·麦克弗森、阿尔弗雷德·吉尔摩、韦策尔、乔治·亨利·戈登、布拉德利·弗朗西斯·格兰杰、丹尼尔·麦库克、詹姆斯·A.加菲尔德、詹姆斯·芬德利·申克、乔治·克鲁克、海森·斯图亚特·平里、斯坦利·马修、西利、斯特德曼、柯比·史密斯、利特尔、托德·罗宾逊、考德威尔、埃德温·M.斯坦顿、萨蒙·波特兰·蔡斯、雅各布·D.考克斯、艾伦·G.瑟曼、詹姆斯·F.韦德、乔治·H.彭德尔顿、威廉·S.格罗斯贝克、韦特等杰出人物齐名。

俄亥俄州人才辈出，且都胸怀壮志，乐于奉献。其中一份日报记录了有关海斯将军选举的事情。毫无疑问，这篇报道在整个新闻界都很有代表性。在此，我们节选了一部分以飨读者：

乔治·麦克莱伦和他的波托马克军团

尤利西斯·格兰特

威廉·特库姆塞·谢尔曼将军与同僚

第19章　在国会

选举进行期间，海斯将军依然率领着他的作战旅在谢南多厄谷作战。最终，在费舍尔山的欧派全河，他们大败邦联军。这次战斗让乔治·克鲁克将军的部队名声大噪，而海斯将军所部则是乔治·克鲁克将军手中的利刃。海斯将军已经在部队服役三年有余，曾在之前的南山战役中身负重伤。日子一天天过去了，他在国会的席位一直空着。人们也希望看到战争以和平方式体面收尾。在战场上，海斯将军机智勇敢；在生活中，海斯将军平易近人，怀有一颗热忱之心。国会就需要这样的人。

1865年到1866年选举期间，海斯将军一如既往地在国会认真工作。海斯将军虽然做好了应对任何工作的准备，但唯独不喜欢站到公众面前吸引大家的眼球。由于他对国会众议院中的组织结构和领导精神知之甚少，因而给他安排的委员会也不是很重要的部门，但在自己的工作中，他还是保持着谨慎谦虚的态度。慢慢地，他与委员会的成员们渐渐熟悉，也开始在会上发言。委员会的成员们也开始考虑他的观点，甚至采纳他的建议。在为共和党建言献策时，在为俄亥俄州谋发展时，他会全身心地考虑每一项措施，一一听取选民的诉求。他虽然是国会里最忙碌且最努力的成员之一，但从不做任何公开演说，也很少贸然评论什么。海斯将军是众议院的议员，但很少投票，或许他从来都没有想过投票的事情。

海斯将军被任命为众议院图书馆委员会主席时，他的同事有来自宾夕法尼亚州的詹姆斯·K.凯利法官和来自纽约的加尔文·T.赫尔伯德。该委员会是国会上下两院的交集，上议院的成员有威斯康星州的麦瑟斯·豪、缅因州的詹姆斯·德林·费森登和密歇根州的亨利·霍华德。

海斯将军担任主席期间，图书馆大幅扩容。他从头至尾监管负责，优化了以前的管理模式。此外，他还向众议院申请经费，花费十万美元购买了彼得·福斯上校的珍贵藏书。对后世的历史学家而言，这批藏书的价值不可估量。在处理艺术事务时，海斯将军向查尔斯·萨姆纳虚心求教，并采纳了他的建议，成功阻挡了向图书馆委员会销售毫无收藏价值的艺术品的行为。

同时，海斯将军还是私人土地索赔委员会的成员，乔治·鲍特韦尔、斯皮克·科尔和佛蒙特州的弗雷德里克·E.伍德布里奇也是该委员会的会员。在私人土地索赔委员会工作期间，他积极寻找乔治·鲍特尔斯法案的相关资料，阻止曾犯叛国罪、行贿罪、谋杀罪的有前科人员进入国家法院工作。

追忆过去是一件很有意思的事情。当时一位声名显赫的作家曾这样描述海斯将军：

> 海斯先生是一个身材高大、体格健壮的男人，而且他面容英俊，皮肤红润。他有头脑，有胆识，行事稳重，分寸把握得恰到好处。眼光长远的他从不招摇，做事有始有终，从不半途而废。
>
> 说得再具体些：这位先生一直保持着青春和活力，甚至比年轻人的心态还要年轻。他虽然已经取得诸多成就，但还远远没有达到自己所预期的高度。他是一名积极向上、不断进取的优秀青年。如果当时国家有记录，他一定会在国家优秀青年名单里名列前茅。我们的预测都是根据以下

查尔斯·萨姆纳

乔治·鲍特韦尔

弗雷德里克·E.伍德布里奇

几点得出的：第一，他拥有巨额财富，这里面既有他继承而来的，也有他通过自己的努力挣得的；第二，他头脑睿智，整合能力强，慷慨大方，有教养，有荣誉感，内心乐观，社交能力强，胸怀大志，目光长远。

现在他可能缺少一些燃烧的激情，但时间和经验会给他加分。相信这位先生一定不会让满心期待的我们失望。

众议院开会期间，作为俄亥俄州最受欢迎的国会议员，海斯将军几乎一直沉默不语，这有些不寻常。重返辛辛那提时，海斯将军自信满满。选他的人没有看错，他是故乡的骄傲，也是国会成员的优秀代表。他从不做花哨的表演，既不与敌人论输赢，也不与党派争高下，坦荡从容，表里如一。担任国会议员期间，他与许多德高望重、享誉全国的人物建立友谊，并成为志同道合的挚友。除上面这些特点之外，他还有许多与大多数公众人物不尽相同的经历。

马萨诸塞州的本杰明·F. 巴特勒将军喜欢拉帮结派，对抗他们不喜欢的人，对手越多、越强，他的队伍就越强大。还有一个坐在海斯将军旁边的国会议员经历了整整两次大选，他"称赞"海斯将军人品好，没有敌人，嘲笑他在国会没有影响力，在华盛顿也没有挚友。此外，那人还说，估计下次选举时，海斯将军就可以在家参选了。在政界，一个没有敌人的人几乎也不会有朋友，只要有了敌人，他就会想方设法地去寻找同情和支持他的人。但事实上，在国会，海斯将军的确没有敌人。在我们的调查中，以及别人为我们提供的调查中，我们都没有发现海斯将军有什么真正的敌人。

同时，我们还可以确定，海斯将军生命中最重要的朋友都是在国会结交的。事实上，国会中的大多数人都是有权有势的社会名流，

第 19 章　在国会

海斯将军正是在国会与查尔斯·萨姆纳成为挚友的。此外,缅因州的詹姆斯·德林·费森登议员、马萨诸塞州的亨利·威尔森议员、印第安纳州的奥利弗·P. 莫尔顿州长、海斯将军在后期的演讲中曾多次提及的财政部部长乔治·S. 布特维尔都是海斯将军的挚友。

第 20 章
关于《宪法修正案》的演讲

海斯将军的第一次政治演说——1866年的议题——公众下的演讲——关于《宪法修正案》的演讲——重建科贝尔计划——联邦政府的计划——安德鲁·约翰逊总统的计划——安全方案

在1866年的竞选中,海斯将军再次被国会提名,这是他生平第一次进入拉票环节。那时,海斯将军公开探讨了影响大选结果的相关问题,并坦言道:"对我来说,这是一次成长、充实的机会,评论者的任何偏见都不会影响到我。"

为了让读者更方便地阅读和欣赏海斯将军的演讲,更好地了解海斯将军,对海斯及其作品有一个自己的判断,并从中获益,我们将节选海斯将军演讲中的一部分内容呈现给读者。我们相信,阅读后,读者会发现,海斯将军的演讲没有一丝抄袭和摘录的痕迹。他既不掩饰自己的错误,也不会自夸自己如何诚实可靠、如何与众不同。阅读中,读者们也会发现,海斯将军辩论的方法十分独特,而且随着演讲次数的增多,海斯将军的语言表达能力也越来越强。事实上,通过对比海斯将军早期和后期的演讲,我们不难发现,随着时间的推移,海斯将军的演讲越来越精彩,用词也越来越多,也更能激起民众的兴趣和热情。

同样是众所周知的常识,同样是坦率诚恳的目的,但在他的演讲中,它们是那样自然。年复一年的实践使海斯将军有更多机会直

第20章　关于《宪法修正案》的演讲

面群众。渐渐地,他忘记了自己是群众的评价对象。就这样,在不断的磨砺中,海斯将军进步神速,成为一名出色的演说家。1866年,他还是公众演讲界的新人;1875年,他就已经成为一名久经磨砺的演说大师。

在早期的政治演讲中,海斯将军曾做过一篇有关《宪法修正案》的演讲。1866年9月7日,在辛辛那提第十七区市政厅,海斯将军开始了自己的演讲:

> 今天,我想开门见山地讨论这次政治斗争风暴中需要做出决定的关键问题,这也是备受美国人民关注的问题。国家该如何处理反叛者呢?虽然我们想努力做到公正、明智、人性化,但在实际执行过程中,我们没有前例可循。根据反叛者的人口组成要素,我们进行了分类,他们包括反叛的白人、忠诚的白人和黑人。在南方,有一个规模大、影响深的阶层——或者说团体,他们凭借自己的财富、智慧和社会关系,形成了独立的立场和主张,并控制着那里的政治活动和大量民众。
>
> 我们理所当然地把反叛的白人分为领导者及其追随者,还有普通民众——普通民众包括那些无想法、无主张但心地善良的人。此外,在所有的蓄奴州中,还有一个阶层占有很大比例,那就是包括奴隶贩子、奴隶监狱监工和奴隶捕手在内的暴徒阶层,他们残酷暴力,靠奴隶谋生,认为奴隶制不可或缺。随着奴隶们获得自由,这一阶层的人失去了工作,因此他们对主张废奴的南方人满怀敌意,所以,南方的忠诚之士需要得到特殊保护。现在,摆在我

即将为南方富畜奴州下地劳作的黑人奴隶

南方蓄奴州黑人奴隶正在劳动

们国家面前的重建计划有两个：一个是曾主张通过武力解决问题的亚伯拉罕·林肯总统及其支持者提出的联邦计划；另一个则是由当时反对亚伯拉罕·林肯政府、反对武力的一些人提出的反叛计划。当然，或许我们还有另一个计划，它的部分特征与联邦计划相似，而还有些做法又与反叛计划相似，但它的一些规定和措施又有它自身的独特之处。更确切地说，这是一个行政计划。不过，在执行过程中，为了达到目的，支持者需要得到一些实际恩惠。但实际情况是，因为支持者太少，这个计划最后被迫取消了。

在探讨这两个计划前，我想请大家重视一点：任何计划都必须要有其具体体现的主流思想，比如是否抛弃双方存在的敌意，联邦政府对待叛乱州的人民是什么态度等。

一支没有携带任何武器的船队插着美国国旗，载着物资前往苏姆特堡的驻防处，却在查尔斯顿遭到叛军——南方邦联军——攻击。随后叛军迅速攻占了联邦政府的船坞厂、军火库和堡垒。南方诸州想要独立，从联邦政府分离出去的阴谋终于完全暴露。这时，国家迅速组织军队、发起防守反击。

在美国议会上，来自田纳西州的南方议员安德鲁·约翰逊曾做过一次演讲。当时，他说："让我看看，究竟是哪些人参与了这场阴谋，是谁在向我们的国旗开火？又是谁下达了夺取我们堡垒、海关、兵工厂、造船厂的命令。在我看来，这么做的人都是叛徒。1806年，托马斯·杰斐逊曾下令逮捕阿伦·伯尔。我如果是总统，也会向托马斯·杰斐逊学习，像他逮捕阿伦·伯尔一样逮捕那些人。如果

第 20 章 关于《宪法修正案》的演讲

《宪法》允许,我会以上帝的名义处死他们。"

我引用安德鲁·约翰逊总统的演讲内容,并不是为了让大家对比安德鲁·约翰逊总统现在的政策措施与他之前的宣言有多大的不同,而是因为战时他说的那些话衍生出了一个重要事实:因为安德鲁·约翰逊先生承诺要给那些反对联邦计划的人定罪,所以一位能力出众、忠于国家、完全能够胜任总统之位的人主动让贤,甘居副总统之位。

以下是安德鲁·约翰逊总统对叛国的定义:叛国是一种犯罪行为,既不是简单的政治分歧,也不是两个政党之间的对抗。当然,《宪法》已经充分全面地定义叛国罪:凡向美利坚合众国宣战者,凡给予敌人帮助者,都属于叛国。有了这样的定义,我们就很容易判明谁是叛国者了。一旦确定了叛国者,政府就会对其进行相应的惩罚。

在一次演讲中,安德鲁·约翰逊总统曾讲道:"如果某个人参与了叛国组织,那我们就不能让这样一个给国家带来痛苦与苦难的人掌握国家的命运。在我看来,在复兴的道路上,叛国者不应有发言权。因为他们已经不再是一名参与叛乱的公民,而是社会公敌。当他们想要摧毁我们的政府时,他们就失去了一位忠实的公民才有的选举权。"

现在,这些叛国头目心存侥幸,都想着如何从绞索下逃命。我们必须让他们感受到政府的权威,叛国者必须受到应有的惩罚,被钉在耻辱柱上,让世人唾弃。

战争结束后,国家最高法院院长萨蒙·波特兰·蔡斯主持了总统的宣誓仪式。一周之后,安德鲁·约翰逊总统接见了印第安纳州

安德鲁·约翰逊

阿伦·伯尔

的代表团，一位先生还向总统致辞。战争期间，这位先生担任印第安纳州州长，相比于其他地方，当时印第安纳州的处境更加艰难，可是，这位先生尽职尽责、忠于国家。最终，在他任职期间，这位先生被国家评为最具才能的政治家之一。

在回复奥利弗·P.莫尔顿州长时，安德鲁·约翰逊总统说道："我必须告诉你，就任国家总统后，我必须考虑国家的未来，思考我该如何管理这个国家。我想让你好好反思反思，回顾一下国家经历的一切。过去残忍异常的叛乱事件决定了我未来的路，我会坚定不移地大步向前走。目前为止，我还没有放弃的理由，我认为，受人憎恶的叛国者必须受到最严厉的惩罚，不仅如此，我们还必须摧毁他们的一切政治或经济力量，以防有一天他们死灰复燃、卷土重来。我们必须严惩那些具有一定影响力但明知故犯的叛国者。与此同时，我们也应该宽容地对待那些被他们欺骗和误导的千万同胞。"

以上内容分别节选自安德鲁·约翰逊总统成为候选人之前、作为候选人时和赢得大选后所做的演讲。从这些演讲中，我们可以看出，支持联邦政府的公民相信，战后，政府会采取有效而彻底的政策与措施处理反叛各州的人民：比如对叛乱头目进行政治隔离，拒绝叛乱者参与政府重建工作；对于那些有悔过之心、心地善良的叛乱者，我们可以采取说服教育的手段，甚至原谅或赦免他们；对于叛乱州那些忠诚的白人，我们应赋予其荣誉和政治权利，给予他们参与恢复政府工作的机会；对于叛乱州的那些忠诚的黑人，我们要给予其自由，且保护其充分享受不可剥夺的公民权利。或许一些心地善良的共和党人觉得这些优惠政策还不够，但肯定还有一部分人觉得这些足够了。我不会在给叛国者定罪的问题上犯错，不论他是南方人还是北方人,也不论他来自军队还是来自我的家乡。

大家都知道,我的朋友威廉·约翰斯顿法官曾说:"有时,我的善心几乎会淹没我其他所有的美德。"不过,正因为他的善良与宽容,所以在他所承担的重建工作中,他做到了紧随民意。

在情况允许的前提下,亚伯拉罕·林肯总统重组了五个州。

第一,在遵循上述原则的情况下,弗吉尼亚州参与叛乱的地区组成了西弗吉尼亚州。忠于联邦政府的西弗吉尼亚州公民进行了投票,选出了新的州政府领导机构,完成了州政府的重组工作。同时,政府还要废除该州的奴隶制度,没收叛乱头目的全部财产,将他们逐出该州。从那时起,西弗吉尼亚州就拥有了忠于联邦政府的州长、立法机关、参议员及一支由忠于联邦政府的众议员组成的代表团。

第二,弗吉尼亚州未参与叛乱的地区组成了新弗吉尼亚州。新弗吉尼亚州的人虽然不多,但能够参与政府活动,并拥有授权代表。在新弗吉尼亚州,他们自上而下地选举了忠于国会的代表。

第三,重组田纳西州。众所周知,田纳西州是叛乱州中实力最雄厚、影响力最大的州。因此,在忠义之士的帮助下,为了重组该州,亚伯拉罕·林肯总统采取了如下措施:废除奴隶制;剥夺叛乱者的公民权利;依法选出忠于联邦政府的州长和州议会代表。

第四,重组阿肯色州。该州州长也是由忠于联邦政府的人民选举产生的,而州议会代表则是由一个人数不多的选区选出的。

第五,重组路易斯安那州。在重组该州时,亚伯拉罕·林肯总统采用了同样的方式,即废除奴隶制,组建忠于联邦政府的州政府。

回顾这段历史时,我们发现,亚伯拉罕·林肯总统在世时,联邦政府和州政府均掌握在忠于国家、忠于联邦之人的手中,参与叛乱的人被剥夺公民权利,无法参与政府重建工作。

第20章 关于《宪法修正案》的演讲

亚伯拉罕·林肯总统遇刺后，各州的重建工作就落在了安德鲁·约翰逊总统的肩上。后来，安德鲁·约翰逊总统对七个州进行了重组。暂且抛开安德鲁·约翰逊总统的原则与措施不谈，我们还是来看一下他的工作成果吧。首先，我们把目光投向北卡罗来纳州。很早之前，北卡罗来纳州就是辉格党的控制范围。这里的公民和政客都异常保守，强烈反对约翰·C.卡尔霍恩时期的"无效权利"——尤利西斯·格兰特将军称其为'州政府权力中最荒唐的概念'。内战刚开始时，北卡罗来纳州的很大一部分人是非常敌视叛乱者的，而且这其中不乏许多有能力的人。内战爆发后，他们一直忠于联邦政府。很明显，在重组北卡罗来纳州时，这些人将会是一大助力。但最后的结果却不尽如人意，重组后的北卡罗来纳州州长曾参加过叛乱，该州立法和司法部门充斥着众多叛乱者，选出的议员和代表都坚决反对联邦政府。

说到这里，我就无须再列举其余六个州的情况了。从某种意义上说，北卡罗来纳州的问题普遍存在于其余六个州中。叛乱头目成为州长，立法机关和司法机关中充斥着叛乱者，这就是安德鲁·约翰逊总统的工作成果吗？

在各州选举的十四名美国议员中，有十二名叛乱头目；国会的代表中，有二十二名代表曾参加过叛乱，忠诚代表可能只有两位，得克萨斯州的四名候选代表也可能是当时的叛乱分子。安德鲁·约翰逊总统继续组建了由亚伯拉罕·林肯总统亲自参与组建的两个州——路易斯安那州和弗吉尼亚州。亚伯拉罕·林肯总统遇刺前，这两个州的州议会成员都是忠于国会的公民，但安德鲁·约翰逊总统接管后，他们的国会代表里出现了叛乱者。在阿肯色州最近一次选举中，在安德鲁·约翰逊先生政策的强压下，亚伯拉罕·林肯推

亚伯拉罕·林肯总统（左三）与同僚

亚伯拉罕·林肯总统遇刺

约翰·C. 卡尔霍恩

出的忠诚代表惨败，该州的大权落入了反叛者手中。此后，在总统的妥协政策下，除西弗吉尼亚州和田纳西州外，其他各州都落入反叛者手中，忠诚之士失去了话语权，反叛分子掌握了国会中的政治大权。

看完这样的结果后，我们再回过头来看看已经成功完成的计划吧。最初，我们是如何对待叛乱头目及其追随者的呢？根据特赦宣言，在进行过忠于《宪法》、忠于联邦政府的法律和规定、坚决支持废除奴隶制的宣誓后，大部分叛乱者都得到赦免。亚伯拉罕·林肯总统同意了这次赦免，这个计划也的确彻底宽恕了所有叛乱者。不过，叛乱者获赦的前提条件有：宣誓始终支持美国现行《宪法》；支持废除奴隶制；没有其他犯罪记录。本计划还有一个特征，即所有被特赦的叛乱者和其他忠实公民一样，可以参与战后政府的重建工作，因此，它既不同于联邦计划，也不同于反叛计划。根据联邦计划，无论是否获得特赦，叛乱头目都不能在联邦政府及州政府内任职，这是这两个计划的本质不同。但根据反叛计划，所有叛乱者都能享有与忠诚的公民同等的权利，都能够参与政府工作。如果按照这种方式，叛乱者根本不需要特赦。

亚伯拉罕·林肯总统要求《宪法修正案》中必须体现以下四点：第一，奴隶制必须废除；第二，1861年南方十一州脱离联邦政府的条例不合法，应视为无效；第三，联邦政府拒绝支付南方叛乱各州的债务；第四，所有人必须遵守国家法律，尤其是1862年7月2日通过的法案——该法案规定：任何参与过叛乱的反叛分子都不能在国会任职。

这四点内容与当时提出的行政计划不谋而合。然而，支持反叛计划的人猛烈抨击上述内容，极度敌视《宪法修正案》。其实，南

第20章 关于《宪法修正案》的演讲

方叛乱头目并不是特别反对上述四点中的前三点，毕竟南方的奴隶制已经名存实亡。正如人们所期望的那样，南方叛乱头目中的大部分人已经认清现实，也认可了《宪法修正案》。威廉·H.苏华德先生却说，南卡罗来纳州暴躁不安，简直不可理喻。安德鲁·约翰逊总统甚至给佩里州州长写信求情，在信中说南卡罗来纳州不应该丢掉已经取得的成就，尽管叛乱债务特别少，但也要遵守《宪法修正案》。由此我们也可以看出，因为《宪法修正案》里提出的条件已经是既成事实，所以叛乱者基本遵守了行政计划里的条件。

现在，我们再来看一看第四点条件吧。它要求国会选举要依法进行，参与人员必须是国会成员。为了更好地理解这个条件的价值和重要性，我们先来看看相关法律。四年前，亚伯拉罕·林肯总统在没有召开国会，也未经联邦政府同意的情况下就通过了这条法律。所有人自愿地向需要帮助的公民伸出援手，并在成为国会成员之前做以下宣誓："我郑重宣誓，自我成为美利坚合众国公民起，我就不会做任何反对国家的行为，也不会主动帮助、咨询、鼓励、参与反叛武装势力，更不会寻求或接受任何类似组织的任何职位。我保证从未加入过反对国家的组织，我发誓，今后将竭尽所能地支持和保卫国家、保护《宪法》，不让他们受国内外敌对势力的破坏。我会言行一致，绝对忠于国家，自愿自主地承担身上肩负的职责，毫无保留，毫不隐瞒。我会全身心地投入工作，愿上帝保佑！"

1865年8月22日，安德鲁·约翰逊总统给所有临时州长发急件，在急件中说："我认为再三强调以下内容是很有必要的，加强鼓励和支持动摇人群十分重要，要让他们相信政府，忠于政府。"

遵守这条法律是参与重建工作的条件之一，它比制裁反叛者的法律还要重要。亚伯拉罕·林肯总统认可它，安德鲁·约翰逊总统在就任总统前后的演说、书信中也多次认可它。内战期间,它得到两届国会的认可,得到国会每一个成员的认可,在两次国会选举和一次总统选举期间也得到了认可,而且它还得到南方十一个州民众的认可。

我们都记得,内战后期,叛乱头目开始积极投诚,并高呼绝对遵守《宪法》及相关法律。现在,面对法律中这样的基本要求,他

选举宣传画:左边为亚伯拉罕·林肯,右边为安德鲁·约翰逊

第20章 关于《宪法修正案》的演讲

们的表现又如何呢？安德鲁·约翰逊总统及国务卿的所有建议、劝告甚至乞求都付之东流了，他们选举叛乱头目作为他们的代表和议员，他们中的领导者和主要发言人都是被赦免的囚犯。

我们经常能收到一些没头没脑的来信，来信的内容大多是控诉国会妨碍南方各州的选举，就连约翰·迪克斯将军也曾在费城说过类似的话。印第安纳州的托马斯·亨德里克斯议员是一名激进的党派主义者，曾在一次精心准备的演讲中说"叛乱者是被法律，而非现在的国会排斥在外的"。事实上，在那些叛乱分子加入南方叛军时，他们已经失去自己的权利，而现在，他们却依旧顽固不化，拒不遵守现行法律。

不仅如此，他们还变得越来越傲慢，也越来越嚣张。他们声称："我们是征服者，我们才能发号施令。如果你们真的希望我们和联邦恢复正常关系，那么你们必须修改法律。我们不会在你们的国会任人摆布，如果你们想让联邦恢复重建，那么你们必须废除你们那一套关于忠诚的誓言，也必须允许我们参与国家的战后重建工作。"

南卡罗来纳州提出的无理要求传到了费城。更令人不可思议的是，马萨诸塞州的民众居然准备响应南卡罗来纳州。为了庆祝胜利，南卡罗来纳州的代表团同马萨诸塞州的俘虏们一起得意扬扬地游行，与反叛者们一道欢呼喝彩。这样一来，这些人好像已经代表南卡罗来纳州，但全世界都知道，老马萨诸塞人——莱克星顿、康克德、邦克山的马萨诸塞人并没有参加游行。或许在将来的某一天，这个代表团的悔改和道歉可以换回久违的和平与安定，他们也可以代表南卡罗来纳州接受国家授予的荣誉，重新获得政府的信任。不过，令人欣慰的是，那些使马萨诸塞州蒙羞的人将永远不会在任何国家机构任职，也永远不会在国会执掌大权。

南方的反叛者们一致拒绝按照法律选举符合条件的参议员和代表。问题凸显后，哪一方先退让呢？是忠诚者还是反叛者，是胜利者还是征服者？北方的和平政党也出现了类似的状况，开始向反叛者这边倾斜。在国会的演讲中，和平政党的代表们谴责那些忠诚的誓言，批判其残暴专横，不合《宪法》，并像以前一样焦躁不安地等待着国会将其废除。联邦派则明确表态，他们将坚决抵制叛乱者，坚决维护法律法规的尊严。

1865年12月月底，在一次国会议会中，来自印第安纳州的联邦议员希尔先生提出了如下主张："此事已决，1862年7月2日的法案规定，由选举或者联邦政府任命的政府工作人员必须进行宣誓，在进入这些机构履职前，法案对所有公职人员都具约束力，无人可豁免。"

俄亥俄州的民主党人士威廉·E.芬克先生主张搁置该决议，但他的主张被否决了——三十二票赞成，一百二十六票反对。最终，该决议通过。

联邦派的人都投了赞成票，而民主派的人都投了反对票。其中投赞成票的还有亨利·雷蒙德先生、洛弗尔·卢梭将军和后来成为安德鲁·约翰逊总统特殊朋友的一部分人。在很长的一段时间内，人们并不清楚安德鲁·约翰逊总统想要实行什么政策，但从他这一年的言行中，我们可以看出，他是支持忠诚誓言的。尽管南方各州要求取消忠诚宣言，但我们从未听过安德鲁·约翰逊总统和他的支持者埋怨反叛者的无理要求。也正因为此，我们可以看出，他们也很看重法律。

在年度报告中，安德鲁·约翰逊总统提及了他的重建政策，说："我非常清楚，此政策有一些风险，所以为了取得成功，我们至少

、洛弗尔·卢梭将军

要得到相关各州的默许。这就意味着我们需要对他们发出邀请，恢复其对合众国的忠心。我们必须冒这个险，而且依照困难程度来说，这是危险性最低的冒险了。目前，我们最重要的事情就是要维护政府的另一种权力——赦免权。任何一个州都不能为叛国罪辩护，只有联邦政府拥有赦免权。为了正当行使该权力，我已做好各种预防措施，在法律明确规定的范畴里行使该权力。"

使用这种赦免权后，安德鲁·约翰逊总统赢得了反叛各州对其政策的默许和对国家法律的明确认可。但仍然有一些善于表演的人，其中就包括反叛者，无视法律对忠诚做出的明确规定，被选为议员和代表后，他们顺利得到了安德鲁·约翰逊总统的赦免。也有人认为，安德鲁·约翰逊总统向反叛者及其同盟者提出的要求妥协了。

亚伯拉罕·林肯总统执政期间，一个政府机构逐渐形成。一方面，它受《自由人事局法案》的约束；另一方面，它又受作战军队制裁机构的限制。在南方各州尚不稳定的条件下，这个机构主要保护那些需要保护的人，即忠于国家的白人和自由人。安德鲁·约翰逊总统上台后，在南北敌对局面真正化解前，这个机构一直存在。

后来，大多数人都认为这个机构的成立堪称明智之举。机构的管理者也曾提议：它应该得到法律明文规定的权利。安德鲁·约翰逊总统同意了这位管理者的提议。根据该机构的具体要求，相关法案迅速出台，然后得到了军队制裁机构的认可。该法案包含的主要规定都不是强制性的：第一，它授予了总统广泛的权利，但总统本人可以决定使用与否；第二，虽然它没有时间的限制，但人们都知道这个临时举措是一架桥梁，是一架化解矛盾与调解纷争的桥梁，通过它，资本家和自由劳动力的模式会逐渐取代之前的奴隶主和奴隶的模式。不过，该法案被安德鲁·约翰逊总统一票否决了。

第20章 关于《宪法修正案》的演讲

南方大多数州的法律都制定了许多对自由人的惩罚条例,也赋予了他们获得私有财产的权利和向法庭起诉和举证的权利。也就是说,如果这些法律能够执行,黑人将会得到名义上的自由。然而,在很多案例中,因为得到了安德鲁·约翰逊总统的批准,一些军方指挥官其实并没有执行该法律。

为了让南方各州恢复自由的人们早日脱离苦海,国会开始起草《民权法案》。该法案由民主党立法部制定,是为了确保南方各州的黑人能够享受三十年前白人在俄亥俄州享受的同等权利。关于此事,乔治·H.彭德尔顿先生在他的信中说道:"如果白人和黑人的利益都能得到保障,那么俄亥俄州所有人、所有政党都不会反对此事。"然而,这项法案也被否决了。

安德鲁·约翰逊总统针对这些法案的演讲表明,他对保护南方工会主义者和自由人的反叛计划有所转变。也就是说,那样的保护

《民权法案》被否决

只是在反叛各州的法律框架内有效，且由反叛官员进行监管。这样一来，他就能够在反叛州站稳脚跟，得到他们的支持。同时，他放弃了南方各州的议员和代表必须无条件忠于政府这一要求。这是安德鲁·约翰逊总统的一次公然冒险，此前他从未这样做过，但费城代表大会解决了这一问题。安德鲁·约翰逊总统的这步棋非常致命，反叛者们知道国家会向他们低头了，他们可以走自己的路了，再也没有什么能够将他们置于国会大门之外了，除非民意执意维护亚伯拉罕·林肯总统的忠诚誓言。针对这种情况，费城代表大会通过了如下决议，其中第四条是："我们呼吁全国人民严格把关选举活动，客观公正地看待国会选举和候选成员的身份。只有认同议会代表的基本权利，对国家绝对忠诚的候选人才能进入国会。"

这项决议意图明显，但并不能误导一个不想被误导的人。在代表大会中，主张和平的中立代表和反叛者占有大量席位，他们公开宣称："一个忠诚的代表"应该是从现在起永远支持《宪法》，不应该以他在内战时期的表现来判断。他们所说的'忠诚'对应的是现在或者将来，而不是过去。从这个意义上来讲，它得到了议会的认可，也得到安德鲁·约翰逊总统的认可。

如果投票要考虑过去，我们就必须调查候选人在内战中的忠诚度。毫无疑问，这样的调查必须进行。不过，摆在面前的事实是，在这样的决议下，上届南方反叛邦联的副总统——亚历山大·史蒂芬森先生，以及其他七十名反叛分子都想要在国会里争取席位。于是，联邦政府处理反叛各州采取的行政计划宣告失败。

现在，我们再来简单了解一下反叛计划吧。内战期间，北方的主和派与南方的反叛者都支持该计划。他们观点相近，团结一致，优势明显。从内战爆发到战争结束，身在北方却反对北方联邦政府

亚历山大·史蒂芬森

的人一直深深同情那些身陷内战的人。然而，他们忽视了忠诚的白人对忠诚的黑人——不管是北方黑人还是南方黑人——都深恶痛绝。战后，他们的计划是让这些人不计前嫌，融洽相处，让反叛者能够和忠于联邦的白人一样得到公平对待。所有的法律、所有各州的法规、海陆军所有的军规、政府其他部门的规章制度都将面临废除、撤销的危险。反叛各州将选举他们自己的国会代表，而且他们这些人不会受任何类似忠诚誓言的约束。反叛者还可以担任海陆军中的所有职务，并与忠诚者享受同样待遇。反叛各州的政府、军队和人民将不受联邦政府的干预。

联邦派不赞同这个计划，因为它违反了原则，因为它从头到尾都是错的，因为它将给后人提供一个错误的先例，因为它视背叛为无罪，而忠诚却不再是美德，因为它忽略了为国家荣誉和权威而战的勇士。为了维护国家的统一，北方人和很多南方人参加了联邦军，并为此付出了一切，失去了所有。现在，如果按照这个计划，他们有可能会被国家政府机构排除在外，甚至很有可能被驱逐出他们浴血奋战、满怀信念想要保护和拯救的州。

这个计划抛弃了四百万忠于联邦的黑人，让他们重新回到了起点，回到了南方的底层。同时，这个计划也使国家失去了信誉，伤了士兵们的心，伤了因战争而变成寡妇和孤儿的人的心。这个计划是在向兵败的反叛者屈服，在不断满足他们的无理要求，它虽然勉强恢复了国家统一，却废除了对国家繁荣极其重要的法律法规，否定了忠诚之士的伟大成就。

于是，为了取代该计划，联邦派拟定了一个计划，这个计划巧妙地化解了过去的战争和现在的选举之间的矛盾。计划如下：

第20章 关于《宪法修正案》的演讲

第一,废除奴隶制度,从《宪法》《联邦宪法》、各州宪法及地方法律中删除所有与奴隶制度有关的法律条文。

第二,忠诚之士应该得到尊重,叛国者应该受到惩罚。

第三,国家应该优待内战中的爱国人士和立功人士。

联邦派完成了《宪法》中该项内容的修订,在哥伦布市的演讲中,雅各布·D.考克斯州长诚恳地说道:"上自总统,下至平民,全国的联邦派都必须接受这一条件,那就是,国家的再次统一需要反叛各州的加入。"

修正案中的内容是为了消除奴隶制的残余,其内容如下:

> 第一节 所有在美国出生或者拥有美国国籍且服从法律约束的人都是美国公民,都拥有美国公民应有的权利。任何地方州郡不得剥夺公民的基本权利,不得否认其美国公民的身份。任何地方州郡不得在法律不允许的情况下剥夺公民的生命、自由和财产,也不能剥夺公民应得的司法平等权。

这项规定保障了美国公民可以得到法律的公平对待,保证了他们生命财产、人身自由不受侵犯的权利。二十年来,俄亥俄州的每个人都在期待这样的法律保障。尽管如此,但还是有有头无脑、品行顽劣之徒与黑人作对,而任何一个政党都没有站出来试图改变这一点。因此,久而久之,在强压之下,公民的正常权利也被剥夺了。不公平的待遇比比皆是,国家捍卫《宪法》尊严的时候到了。

第二节 各州代表应根据各州的人数进行分配，统计清楚每州多少人，包括不纳税的印第安人。不过，如果州里二十一岁的男性居民——参加过反叛军和有犯罪前科的除外——为总统、副总统、国会代表、州长或者州议会的其他成员等投票，那么其所在州的代表人数将根据放弃投票的二十一岁男性人数与本州二十一岁男性的总人数之间的比例减少。

第二节的内容缓解了南北政治力量的不平衡。在这种规定下，南方有些州在代表人数上做文章，把其他州五分之三的奴隶算在自己州里。这样一来，1860年人口普查时，南方在国会的席位增加了十八个。这就意味着，在给总统和副总统投票时，南方会多出十八票。

现在，奴隶变成了与正常公民一样的自由之身。受内战的影响，南方各州将增加十二个国会代表席位。这样一来，连同俄亥俄州和印第安纳州在内，南方将会有三十个国会代表为黑人发声。过去，大到各州县，小到乡镇，黑人几乎没有政治权力，更没有人愿意听他们的诉求。通过这个变革，一个南方白人的政治分量相当于两到三个北方白人的政治分量。

据反叛州的报纸报道，在战争前期，一个南方人对付五个北方佬；但内战结束后，一个南方人才对付一个北方佬。相应的，南北方的国会代表人数也据此确定。

拥有大量黑人的南方要求得到最基本的公平待遇，他们虽然没有任何政治手段，但一直希望能拥有一定的政治权利，跟北方的白人势均力敌。如果关于这一节的修正案通过，那么这片土地上的每个投票者都将拥有与其他人相同的政治权利，这才是全民平等。

第20章 关于《宪法修正案》的演讲

第三节 任何发动、参与叛乱或为敌人提供便利者，都无资格竞选美国总统、副总统、国会代表和议员、行政人员和军官。上下议院以三分之二的票数通过了此项修正案。将参与叛乱者从美国各政府部门和军队里剔除，使"忠诚"受到尊重，"背叛"受人鄙夷，这样一来，南方的很多忠实之士便能够得到他们应得的荣誉和权利。

这一条主要是为了针对那些曾发誓永远拥护《宪法》但后来破坏它的人，这些人大多是上一届的政治领导人，他们需要对内战负主要责任，年龄在三十岁以下或者三十五岁以下的年轻人很少受此牵连。1860年冬到1866年，反叛州的公职人员就职时都没有发誓说要永远支持美国《宪法》。

时光流逝，这项法案很快奏效，南方民众也热情高涨。曾犯叛国罪的人被永远排除在公职机构外，这也是国会给破坏国家安定统一的叛国者追加的惩罚。然而，在过去的五年，安德鲁·约翰逊总统一直在与南方各州斗争。从纳什维尔到华盛顿，他向美国各州的民众宣布：领导叛乱的人必会被处以死刑，而且政府会没收其一切财产。但在回应费城委员会时，他说国会这样做有报复倾向。虽然他这么说可能是为了协调联邦政府各部门之间的关系，但报复确实存在。我们都知道其他国家对叛国罪的惩罚是什么，我们也知道在乔治亚州、弗吉尼亚州、南卡罗来纳州发动叛乱的保守党成员被没收了所有财产，我们更知道反叛者对南方忠诚之士的残酷暴行。我们的国家已经足够仁慈。

第四节 美国国债——包括养老金的支付、为镇压叛乱提供服务的国家补贴等——有效期由法律授权决定。不过，国家和任何一个州都不会补偿"帮凶"——给南方叛乱者提供便利或帮助的人——一分钱，他们与国家为敌、与废除奴隶制为敌，给他们补偿是非法的、无效的。

这一节内容推崇忠诚，视忠诚为最庄严、最长久的品格，谴责反叛及与反叛有关的一切事物。虽然反对这一项议案完全没有必要，但反叛者就是想要争得一些东西来补偿他们因释放奴隶而产生的损失。如果这个补偿遭到拒绝，他们将拒绝履行公民的一切义务，不再为国而战。据说，针对此事，费城的州议会出台了一项公平合理、反叛代表们无一反对的方案。

我从反叛代表们的口中得知，南卡罗来纳州的詹姆斯·劳伦斯·奥尔州长虽然也是反叛者，但性情温和，在召开竞选州长的州议会时，几乎没有人给他投反对票。在给州议会的信中，他这样写道："我一直希望国会能够尽快为南方民众出台一项公平合理的议案，给那些受国家号召而释放了奴隶的奴隶主一些补贴。"他陈述了这么一个事实：1862年奴隶制废除后，国会给了哥伦比亚地区奴隶主一定比例的补偿。他希望南方的奴隶主也可以享受相同的待遇。废除奴隶制时，乔治亚州的州议会附加了这样一项条款："再有挑衅滋事、煽动叛乱者，国家承诺给予奴隶主的补偿一律取消，他们将不再享有任何公平待遇。"

为了补偿奴隶主，国家需要发放十五亿到三十亿美元的补偿金，这相当于现在整个国家的国债总额。若国家安全未受威胁，这些补偿将如数发放，法律为此提供一切保障。

第20章 关于《宪法修正案》的演讲

这个不算完美的计划只是为了恢复统一的临时决策,但实际上,反对势力一直存在,且不容忽视。据说,南方各州将永远不会接受这些条例,不仅如此,他们还要求国家恢复之前的法律,这样一来,随着黑人代表的增多,他们原来的七十名南方议员和代表将顺理成章地变成八十人甚至九十人,这又回到了问题的核心。其中一位反叛代表甚至说:"只要国家放弃那些所谓的公平,满足南方的不公平要求,和平统一就可以实现。"

事情的大致过程就是如此。很多年来,北方人相信这样就可以恢复国家统一了。为了实现国家统一、和平共处,他们接受了每一项无理傲慢的要求。可到最后,他们才发现,如此下去就是在助纣为虐,助长反叛势力的气焰,而且南方反叛势力想要脱离国家的威胁层出不穷。最后,他们终于燃起了斗志,高举正义大旗,准备与奴隶制度斗争到底。因此,他们选举了亚伯拉罕·林肯为总统。

此后,南方奴隶主们纷纷反叛。四年来,他们一直和联邦政府作对,发动了史无前例的暴动。内战结束后,他们终于被扫平了。为了国家的和平统一,西沃德－约翰逊党建议民众接受联邦政府的条件。和过去一样,为了和平统一,联邦党已经做好让步和牺牲的准备。然而,向错误让步并不能作为真正和平与永久统一的基础,他们需要制定长久而公平的原则。于是,联邦派对南方人说:"我们别无所求,只求真理,所以,我们不会向任何错误让步。"毫无疑问,我们会依照上帝的指引,坚决保护爱国人士,同时我们也要感谢上帝一直以来对我们国家的眷顾。

第 21 章

俄亥俄州州长

获得俄亥俄州州长提名——前途渺茫——"白人"这个字眼——八十一场演讲——海斯将军的选举——1872年自由运动——海斯将军败北——淡出公共视野

1866年的国会选举大会中,海斯将军得到了两千五百五十六票。他在华盛顿那两年多的准备终于见效了。不过,令他吃惊的是,1867年6月10日,在哥伦布市举行的州共和党会议上,大家竟一致推选他为俄亥俄州州长候选人。他再次挑起重担。

因为宪法修订案中出现了"白人"字眼,所以在之后的政治游说活动中,海斯将军和他所在的政党不得不考虑如何处理黑人的地位问题。一直以来,美国普遍存在着对黑人的歧视,想要消除这个歧视,难度很大,几乎没有成功的可能。

只有没有任何犯错记录和负面新闻的人才有资格作为本次共和党的候选人,并且需要做一场别开生面、慷慨激昂的演讲。因此,共和党目前只有一个合适的候选人,那就是海斯将军,所以共和党人决定让海斯将军担此大任。

对于共和党的召唤,海斯将军不想做任何回应,便去咨询了顾问团的詹姆斯·A.加菲尔德将军,之后,被说服的他才开始满怀热情地参与政治游说。

那是一次振奋人心的考验,两大党派都召集了所有可以团结的

选举海报：左边为史蒂芬·G.克利夫兰，右边为艾伦·G.瑟曼

力量。民主党的候选人是艾伦·G. 瑟曼法官，他能力出众，在人民中有很大影响力。此外，克莱门特·瓦兰迪加姆先生、雅各布·D. 考克斯先生、乔治·H. 彭德尔顿、威廉·S. 格罗斯贝克、查尔斯·S. 沃里斯、约翰·亨特·摩根、兰尼等人也为民主党增色不少。

据说，在这场选举中，艾伦·G. 瑟曼法官做了七十一场演讲，而海斯将军则进行了八十一场。为了活跃气氛，双方会相互评论对方的演讲，此举极具娱乐性。在自己的演讲中，海斯将军非常尊重艾伦·G. 瑟曼法官，从没有诋毁或暗讽过对方；在陈述问题时，他也是谦恭有礼，陈述的问题更是有理有据。

在这场选举中，乔治·H. 彭德尔顿先生提出，通过发行国家货币来支付国债的途径风险极大，但他的想法非常新颖，并且有理有据，为民主党赢得了不少选票。

当海斯将军的票数达到三千时，民主党的票数也十分接近，占据了州议会上下两院的大多数。一时间，宪法修订案面临着被否定的危险。后来，因为海斯将军的人格魅力和他的人脉关系，共和党的票数才得以一路领先。

1869年，海斯将军再次获得提名。在此期间，民主党的州议会时间越开越长，公共财政支出的比例严重失衡。于是，海斯将军趁着大好时机开始进行政治游说，那时，他对胜利充满了信心。现在，海斯将军关于俄亥俄州内部事务的演讲已经成为政治演讲的教科书，为本州市民提供了很多有价值的信息。那届选举中，海斯将军的对手是乔治·H. 彭德尔顿。乔治·H. 彭德尔顿想要创造一种和黄金等价的纸币。令人惊讶的是，这种天方夜谭居然得到很多社会中下层民众的支持。然而，最后，海斯将军还是以七千五百一十八票的优势帮助共和党再次赢得选举。

选举海报：左边为柯里尔，右边为乔治·H.彭德尔顿

经过这样激烈的政治斗争后，一般人早已树敌无数，但海斯将军依然没有敌人。譬如，在共和党人推荐海斯将军竞选国会议员时，海斯将军曾经的民主党对手们也会跟共和党合作，一起支持海斯将军。海斯将军如果全力以赴准备竞选活动，那么一定可以成功当选，从而取代他力荐的参议员威廉·特库姆塞·谢尔曼。

1872 年，海斯将军再次成为国会参议员候选人，但因为新自由共和党和民主党的结合，个人的力量和影响力难以对抗如此强劲的势头，所以最后，威廉·艾伦胜出。在自己的选区，海斯将军败北了。

威廉·艾伦

第21章 俄亥俄州州长

其实，从他的演讲和报告中，我们可以看出，海斯将军没有投入他全部的精力去准备此事，因此，这样的结果并不意外。

选举结果公示后，海斯将军重新恢复了舒适而安逸的退休生活，这才是他和妻子露西·韦尔·韦伯梦寐以求的生活。此后，他再也不用卷入政治斗争的旋涡了，再也不用与竞争对手唇枪舌剑了。现在，他已经完成使命，终于可以在家乡安度晚年了。

第 22 章
政治演说教科书

海斯将军的用词——政治信条——人生的动力——管理原则——守卫国家

在海斯将军功成名就之前,他做过很多演讲,在这些演讲中,海斯将军有意或无意地说出了很多堪称演说教科书的用语。而且从这些话中,我们也可以看出海斯将军的政治立场和人生信条。为了使读者们能够更准确地了解海斯将军政治演说的人格魅力,我们专门摘选了一些片段供读者赏读:

政府不应干涉宗教活动,同样的,宗教也不能干涉政府和政党的行为。

我们的宗旨是"花钱透明化、学校免费化",通货膨胀和执政党变动也不能影响这个宗旨。

我希望得到大多数选民的认可,但无论他们是不是共和党的支持者,我都不会忘记我共和党人的身份。

廉洁和腐败之间没有缓冲区。

爱国、治国、安邦才是一位政治家对未来的最好交代。

政府已经妥善解决因内战而引发的国家统一、人权、债务偿还等一系列问题。所以，人们应该坚信联邦政府的力量。

不可兑现的货币是人们焦虑的根源。

国家的信誉取决于它兑现承诺的能力，以及切实可行的计划。

我们不攻击任何人、任何党派，新教徒、犹太教徒、天主教徒，抑或无神论者都有权利追求自己的信仰。

如果你想要监管法制化和公平化，那么请你先相信拥有监管权利的政府。

当行政部门呼风唤雨的国会成员各自打着自己的如意算盘大肆敛财时，这个行政体系已经坏了，政府职能已经丧失，因此，它应该被立即废除。现在，我们迫切需要对政府行政体系展开一场全面深刻的改革。

法律应该尽可能地简洁明了。

所有影响立法的计划都无法真正奏效。

南方是国家不可或缺的一部分，这是我们的原则。

国债发行的每一分钱都应当透明化，不得有任何隐瞒。

杰斐逊·戴维斯说他想当选总统，但爱国人士会告诉他这纯属白日做梦。

我非圣贤，也曾犯过错，但我绝不会卖国。

漫长的选举、冗长的立法、鲁莽的冒险，啊，赶紧改变这种现状吧！

在我们完成战后重建大业以前，我们不会相信任何一个在战争中背叛过国家的人，不管他是谁，权利有多大。

我们仍然认为，合众国需要一场彻底、深刻的改革。

选举应当一视同仁，不应因种族和肤色的差异而有所区别。

公正与公平是国家繁荣与和平的基石。

我更推崇公平公开地选举，因为这才是正确的。

不管是在政治和道德范畴，还是在公共和私人生活范畴，一个人享有的权利永远是最有效的。

在每一个共和州，军队永远服务人民，军队的权力是人民赋予的。

任何想要将国家一分为二的人，都是国家的敌人。

伟大的政治运动总有一些正当缘由。

我们的政府不在乎你的出生地，也不在乎你的财富，更不在乎你的肤色，我们的政府是一切自由人民的政府。

合众国的权威应该得到维护和捍卫。

在国家危难之际，任何离开军队的人都应该被剥皮。

告诉托德·罗宾逊·考德威尔州长，我随叫随到。

如果我在敌人面前擅离职守，临阵脱逃，那么我的失败就是罪有应得。

南方的忠诚之士应该得到特殊的保护。

南卡罗来纳州一直就在那儿，从未改变，但所有人都知道，老马萨诸塞州——曾经有列克星敦、康科德和邦克山的马萨诸塞州——已变了模样。

忠诚应当得到尊重，背叛必须受到严惩。

不惜一切代价粉碎叛国势力是国家之于人民的义务。

国会的决议首先要考虑人民的安危。

在错误面前屈服永远不会成为和平与团结的基石。

每斯特斯的黄金时代

我们只追求正确的事情，其他别无所求，我们永远不会向错误低头。

比起袖手旁观地看着战争发生直至结束，我更愿意走上战场，即使我会战死沙场。

让他人感到幸福是每个人的职责。

第 23 章

海斯将军的家

萨迪斯·伯查德去世——海斯将军继承遗产——海斯将军不再打算追求政治上的升迁——海斯将军在弗里蒙特市的演讲

1874年1月,萨迪斯·伯查德去世了。他给海斯将军留下了包含巨额财富和银行投资份额在内的遗产。萨迪斯·伯查德的故事充满传奇色彩,令人赞叹。他的第一桶金是在特拉华的拉姆-海斯酿酒厂赚到的,但他并不是通过酿酒赚到了这一笔钱,而是通过利用酿酒厂院子里回收的谷物喂猪赚到的钱。此后,他的财富不断增加。最后,他成了俄亥俄州最富有的银行家。此外,萨迪斯·伯查德还是一位慈善家,他热衷公共事业,经常给公共慈善机构捐款,晚年,他曾捐款五十五万美元为弗里蒙特市修了一所漂亮的大型公园。

萨迪斯·伯查德把他的爱毫无保留地给了他的外甥海斯将军,他的爱不但让海斯将军颜面有光,也使他自己不会因无所寄托而感到孤独,而他的家也永远是他外甥海斯将军静心休息的地方。萨迪斯·伯查德曾一度渴望海斯将军和他的家人能够在弗里蒙特市安家。为了满足他的愿望,1872年,海斯将军举家迁往弗里蒙特市。直到第三次当选州长时,海斯将军才迁到哥伦布市居住。在弗里蒙特市,海斯将军和他的家人居住的房子是他舅舅萨迪斯·伯查德赠予的,这所房子装修精致,舒适温馨。同时,海斯将军继承了一处两层砖砌楼房。当选州长后，海斯将军又加盖了几间屋子，以便于他的秘书工作起居。居所中间有一个宽敞的走廊，没有上漆的地板连接着两个主楼。

某位作家曾在《托雷多刀锋报》中这样描述：

那里没有楼塔，没有阳台，没有尖顶，没有任何金银雕工，墙砖质地优良，既不是土色的砖，也不是普通的红砖。房子的前院四四方方，旁边是一片茂密的参天橡树林和山胡桃林，狐狸、松鼠和野鸡常常出没其中。大厅中，房子的右边是一个极其狭窄的楼梯间，左边有一扇通往客厅的门，还有一扇通往起居室的门。楼梯的下面还有一个壁橱，壁橱门旁边是一个简陋的小帽架。

起居室非常舒适，任何人都能在那里感受到如家一般的舒适。墙上挂满了各种各样的照片，其中一张照片是海斯将军的全家福，海斯将军、海斯夫人和他们的孩子们都在其中。现在，海斯将军的长子理查德·海斯二十二岁了，正在哈佛法学院读书；他十九岁的次子韦伯·海斯，十七岁的三儿子拉瑟福德·P.海斯，唯一的女儿范妮·海斯和只有五岁的小儿子司考特·海斯都在哥伦布市。

有一间屋子里放着一盏特别干净的巨型煤油灯，海斯将军一家通常在这里祷告。海斯夫人是卫理公会教堂的会员，海斯将军也经常和她一同前往卫理公会教堂。

从起居室出来便可以直达海斯将军的卧室，卧室南面景色宜人。通过起居室还可以进入餐厅，海斯将军的舅舅萨迪斯·伯查德去世后，海斯将军打通了原来被隔开的两

第23章　海斯将军的家

三间小屋，将它们变成了一间房子。屋子中央放着一张可折叠的大桌子，海斯将军经常在那里盛情款待他的朋友们。椅子背后的墙上挂着亚伯拉罕·林肯总统的画像，右面的墙上则是华盛顿总统的画像。

小楼的第二层被隔成几间小屋，海斯将军的家人们居住其中，另有两间小屋被当作书房，那里放满了书架和藏书，里面藏有大量的英美文学作品。书房里有一张书桌，回家后，海斯将军常在那张书桌上伏案写信，处理公务。

居所的北面是海斯将军的大农场，四周有四十英亩果树林和林地。为了方便家人和访客散步，海斯将军还专门在屋外铺了一条丹皮树树皮的便捷小路，以及碎石铺成的马车道。松鼠和小鸟经常在屋子周围活动。

居所距弗里蒙特市的商业中心约半英里，因此，居住于此的海斯将军不但能够享受这个城市的便利，还能够欣赏乡村的宁静和美丽。

海斯将军曾想与家人一起享受这种快乐恬静的生活，但1875年，平静再次被打破，他不得不再次出山。得知海斯将军被提名为美国总统候选人后，1876年6月24日晚，弗里蒙特市的人都欢呼雀跃地从家里跑出来祝贺他，同时也为自己的城市能有这样的优秀人物而自豪。在庆祝大会上，海斯将军做了这样的演讲：

> 我想我不需要再刻意地表达我今天的心情和感受了，谢谢你们为我准备的庆祝会。无论如何，能在家乡参加这样的聚会，我都备感骄傲、自豪、激动。

海斯将军的次子韦伯·海斯

海斯将军的三子拉瑟福德·P. 海斯

不管你们过去有没有给我投过票，也不管你们未来会不会把票投给我，我都非常感激你们的到来。今天，俄亥俄州、弗里蒙特市、桑达斯基镇都感受到了无上光荣，在这里，我感谢你们，谢谢我们的民主人士，谢谢我们的人民，谢谢无党派人士和共和党人，谢谢你们无比热情的欢迎。我相信，为了今晚的这一幕，你们一定付出了自己的努力。作为两千万人民的代表，我深感责任重大，我非常清楚，这个责任不是让我做秀用的；我也清楚，我被大家选上，绝不是因为我的能力和天赋，而是因为我的运气比较好。

令我备感欣慰的是，在这里，我度过了自己的童年，接下来请允许我讲一下我和弗里蒙特市的渊源。四十二年前，视我如己出的舅舅萨迪斯·伯查德带着我来到了这里。今天晚上，我很高兴我的朋友们带来了他的肖像。我清楚地记得当时桑达斯基的景象。那时，岛上、坝上及湖上的水鸟俯冲而下，捕食河里的游鱼，河边的木屋零零散散的，树也没有现在这么高，年代久远的堡垒还保持着当时的风格。对于一个小男孩来说，这简直就是一片乐土。我们再来看看今天的弗里蒙特市，看看它的变化吧。虽然它还没有变成一线城市，但它已经成为一个舒适、怡人、繁荣的港湾。

我很高兴，不管来年的选举结果如何，等一切结束后，我最想回到的地方还是这里。如果竞选失败，我会经常回来看大家；如果竞选成功，我会申请再次回来和大家做邻居。真希望一直住在这里啊，大城市往往充满了明争暗斗，你争我抢，但在这里，我们是自由的，而且我们占尽地利，

第23章 海斯将军的家

处于东西两个商业中心之间,因此,我们不需要再做什么,只需要享受这份繁荣就好了。从欧洲旅游回来的朋友经常和我抱怨说,与英国及其他的欧洲国家相比,咱们这里显得有些粗犷,但我们应该明白,我们的家园可以修建花园和房子,我们可以用我们的双手创造一切,这才是幸福所在,我见证了弗里蒙特市的重要变化,这是我备感欣慰的地方。

不过,这里的另一个变化让我哀痛和悲伤。1834年刚来到这里时,我认识了很多人,比如市长、阿道弗斯·迪肯森、托马斯·霍金斯、商业界的传奇乔治·格兰特及其他很多人。我可以继续一一说出他们的名字,真的,但今晚,我第一次来到这里结识的人都不在这里了,包括我的母亲和姐姐,她们也都离开了人世。被提名后,几乎很少有事情能触动我,但有一天,诺瓦克的朋友来信说:"如果萨迪斯·伯查德能到活到此刻该多好啊。"但这就是天意。事情一件接着一件,就像海浪一层接着一层,对于一个男人来说,他能做的,就是让周围的人幸福。这是我的祈祷,也是我生命的职责所在。朋友们,不管你在什么位置,让我们一起担起这份责任吧。对我而言,我唯一可以依靠的就是亚伯拉罕·林肯在斯普林菲尔德与朋友告别时说的话:"我去华盛顿履行我的职责,我肩负的责任可能是我国建国以来历任总统中最大的。朋友们、乡亲们,希望你们祝福我,祝我有神助,完成我无法完成却必须成功的事。"让我们一起携手吧,如果我赢得此次选举,那么一切都会如我们所愿,人民的意愿都会实现;如果最后的获胜者不是我，而是其他人，那么我也希望我们能给我们的对手公平的机会，同样为他们虔诚地祈祷。

朋友们，谢谢你们抛开党派之别，为今晚的庆祝会所做的一切。此刻没有痛苦和悲伤，让我们一起见证欢乐，为候选人提供宝贵的意见，说出逆耳之言吧。在此建国百年之际，我们要向世人证明，一个自由智慧的国家将会取得怎样的成就。

费城有这么一个地方，那里几乎汇聚了世界上所有国家的艺术品和手工艺品。我们已经做好邀请函，邀请全世界的人们一起相互角逐，相互交流。我们发现，在展览的所有作品里，美国的艺术品排在世界前列。我很高兴和大家分享这个消息，在这次比赛中，俄亥俄州的作品脱颖而出。让我们向世人证明，四千五百多万人民选出的国家骨干能为他们做什么，让我们向世人证明，向来访的客人证明，我们美国人是如何演讲、如何表达自己的抱负的。如果我们一直保持着今晚这样的精神和热情，如果我们在所有的讨论中都能保持公平和公正，那么我们将迎来梦寐以求的自由国度。

战争期间，威廉·特库姆塞·谢尔曼将军失去了一位儿子。当时，那位年仅十三岁的孩子在第十三步兵队，每次出去训练或者阅兵时，他总是身着中士军服，和其他士兵走在一起，而整个作战旅的士兵都喜欢围着他，士兵们就像对待自己的孩子一样爱护着这位小男子汉。不过后来，他却不幸因病去世了。威廉·特库姆塞·谢尔曼将军是一位伟大的士兵，得知作战旅的士兵们对他儿子的深情厚谊

19世纪初的弗里蒙特市

后，他曾说："虽然向大家表达感激之情已经没有意义，但我和我的家人会永远记住这份深情。"我想把这份精神传递给弗里蒙特市的乡亲们，谢谢你们今晚带给我的一切。

第 24 章

竞选州长

又一次应邀领导政党——威廉·H.塔夫脱法官的支持——海斯将军不想当州长候选人——海斯将军在马里昂的演讲——硬通货——学校问题——天主教的投票人——选举的胜利

  了解1875年选举的人都知道，从那之后，海斯将军告别了宁静的家乡生活，卷入了残酷的政治斗争。有位作家曾这样描述当时的选举情况："民主人士、立法机关的工作人员、州政府的秘书、学校的行政人员、最高法院的职员等都在为海斯将军投票，最后，海斯将军的票数接近七万人次，超过了州选举历史上的最高票数记录。俄亥俄州的人们都相信，共和党想要取得胜利，想要将更多的票数攥在手中，海斯将军就是帮他们取得胜利的最佳人选。然而，这里还有一个巨大的疑问，那就是，海斯将军是否会接受州长任命。了解他的人都知道，海斯将军极度不愿意做这种事，更不愿意大肆宣扬自己的事迹，扩大自己的知名度。尽管如此，公众的情感还是以其独特的方式不断渲染，1875年6月州代表大会临近之际，气氛更是达到了顶点。那时，已经没有人怀疑海斯将军会不会得到任命，他们开始担忧海斯将军究竟会不会接受这个任命。还有一个州长候选人是来自辛辛那提的威廉·H.塔夫脱法官，他的能力也众所周知，在州代表中，很多人都对他印象深刻。海斯将军本人也很希望威廉·H.塔夫脱法官能够当选州长，在回复电报时，他强烈地推荐了威廉·H. 塔夫脱法官，给予其高度评价，并表示他非常不想和威廉·H. 塔夫脱法官竞选州长的位置。在电报发送之前，州代表大会进行了第一轮投票，有五分之四的人都把票投给了海斯将军。最后，威廉·H. 塔夫脱法官选择退出。这样一来，海斯将军就没有理由说他不想与谁对抗了。最终，这次投票以压倒性的局面结束。海斯将军感受到了大家的诚意，随即回电道："恭敬不如从命，我接受这个任命。"

如同罗马政治家卢修斯·昆奎斯·辛辛那图斯一样，海斯将军喜欢麦田。有时，他会赶着牲畜去国家赠予他的土地上耕作，不过，因为事务繁忙，这项工作总是被搁置。这一次，他又临危受命，为一场希望渺茫的选举打出了一片天。他既不想参政，也不想要国家俸禄。就在不久前，尤利西斯·格兰特总统曾提出让海斯将军在辛辛那提担任美国财政部部长助理。面对如此巨大的诱惑，海斯将军不为所动。然而，目前的情况是，人民需要指引，国家需要守护，所以，海斯将军要接管这片土地，勇敢地面对宗教学校的负责人，直面俄亥俄州由来已久的货币问题。

据说，在这次选举中，海斯将军做了生命中最动人、最具感染力的演讲。这次演讲的地点是劳伦斯城的马里昂，时间是1875年7月31日。在此，我们也将节选其中的部分演讲内容供大家赏读：

劳伦斯城的乡亲们，我很高兴今天能站在这里。这里将要进行一场非常重要的政治演讲，感谢劳伦斯城的共和党委员会让我代表俄亥俄州的共和党做演讲。尽管我住的地方距这里较远，但我们并不陌生，因为我们曾在类似的场合下见过，你们中有我曾经的战友，在十年前的内战中，

第24章 竞选州长

我们曾一起浴血奋战。我们一起奋斗的荣誉和一起感受的美好，以及一起度过的峥嵘岁月永远印在我的脑海之中，我会永远把这些当作我人生中最宝贵的财富。无论你是平民百姓还是军人，劳伦斯的广大群众们，我们都应当铭记那段光荣岁月，他们的牺牲没有白费，我们为此而自豪！

州政府关于那场战争的记录非常清楚。在联邦军中，劳伦斯城的人表现突出。不管是过去手拿火枪上了战场，还是现在手拿选票在家投票，你们都是这个国家最棒的人民。好饭不怕晚，选举的胜利迟早属于我们，我们也一定会履行诺言，采取措施，锐意改革，而你们提出的建设性意见将是我们宝贵的财富。

毫无疑问，美国是一个整体，它实力雄厚，完全有能力维护自己的主权和每一寸土地，完全有能力抵御一切敌人；毫无疑问，星条旗下的美国人没有奴隶；毫无疑问，只要在美国司法管辖范围内，所有在美国出生或者拥有美国国籍的人都享有平等的政治权利；毫无疑问，因救国而负债的行为是值得尊敬的，我们应该帮助他偿还债务。尽情为这些欢呼吧，你们的票没有投错！

幸运的是，还有一件事更值得我们庆祝。曾经，我们的对手——对以上问题站错立场的他们——反对我们的一切立论，而现在，他们都安安静静地坐在台上，一言不发。对于这些长期存在争议的问题，他们提供的十四个方案都是无效的。因此，他们现在的沉默并不奇怪。在今天这样的场合，我不想回顾他们在讨论这些问题时有多么自信。今天，我站到这里就证明了一切。十五年前，当我们的共和党领袖亚伯拉罕·林肯从民主党手中接任国家总统时，国家一片混乱，临近分裂，奴隶和奴隶主们相互对立，波托马克河南面的当权者要求永远保持奴隶制，并有超过三分之一的票数支持他们。我们的国家因此而陷入了内战之中，无数同胞战死沙场。然而，现在我们已经改变这一现状。看吧，一个比之前任何时期都稳固的国家将会重新建立。

当时，奴隶制是南北双方无法逾越的鸿沟；而现在，奴隶制也一去不复返了。南北方的仁人志士都感谢上帝，往事一去不回。那时没有关于自由和压迫的演讲，没有南北双方的融合，而现在，南方的民众像招待朋友一样欢迎来自马萨诸塞州的副总统——青年时期，我们这位副总统就反对奴隶制。来自马里兰州、弗吉尼亚州和南加利福尼亚州的优秀人才和新英格兰人民一起庆祝南北战争的胜利，北方和南方的人们怀着友好之情从四面八方汇聚一堂。自从五十年前托马斯·杰斐逊总统受到"夜晚火警"的惊吓后，这样的场面就再也没有出现过了。

但就在形势一片大好的情况下，仍有一部分性格暴烈之人在谈枪论棒，剑指南方，他们对南方的偏见还是没有丝毫减少。不过这种种不和也可以充分提醒我们，过去的糟糕场面不能再重演了。我们不用再各自奔走了，所有的一切都将重新开始，人人平等，人人自由。

现在，我们继续讨论与俄亥俄州密切相关的问题。民主党及其官方的种种声明给国家带来的是巨额的债务、沉重的税收、贬值的货币和一个不健康的经济环境，并最终导致了两年前爆发的财政危机和经济大萧条。直到现在，

第24章 竞选州长

经济才开始慢慢复苏。正是在这样的条件下，在哥伦布市最近举行的州代表大会上，民主党做了一些总结。

今年，备受关注的教育经费问题是俄亥俄州最重要的问题，事实上也是唯一问题。俄亥俄州民主党坚持不再把金银作为价值标准。此后，只有在需要使用硬币的地方，我们才使用金银；此后，纸币将是我们国家唯一的流通货币，政府将根据市场需求统一发行适量纸币。在会议开始发言前，竞选副州长的民主党候选人加里将军已经陈述了我所提出的货币问题。

以下是海斯将军在巴恩斯维尔演讲的节选：

在我们国家，不管是多少价值，作为货币的金银都可以被赎回，并可以代替货币为个人或者公立机构缴税。仅此一项，它就被赋予了货币价值。如果你有一百只金鹰，却不能用它换来生活所需，那么它们就变成了垃圾。如果它能换成美钞或其他任何购物券，你一定会特别高兴。政府发行的统一纸币使一切交易合法进行，并且能够完美地执行金银的功能。

以上就是民主党在1875年10月的选举中向俄亥俄州人民表述的财政计划。针对这一问题，共和党表态说："我们极力反对这个计划，无论它是一项长久政策，还是一个平息混乱的应急方案，我们都反对它。它没有得到宪法的任何授权，也违背了所有正当的财政原则。"

无法兑换的贬值货币实在太多了，我已经不想再说什

尤利西斯·格兰特总统（左一）及其内阁成员

托马斯·杰斐逊总统

么。它们是如此显而易见，以至我们都已司空见惯。因此，我也无须详细说明此事了。现在，对于通货膨胀和货币贬值带来的危害，我们已经深有感触，因此，我们急切地希望这项举措能扭转局面。然而，这项举措本身就很荒谬，而且将会把我们引向深渊。因为货币贬值，一些人出现了投机心理，也有人开始放纵，还有人开始破坏商业活动的法则，这些都冲击着正当的商业经济活动和诚实劳动；它榨干了个人和公共机构走向繁荣的真正源头；货币贬值刺激更多的人进行贷款，从而出现了高额利息；国外进口数量开始激增，而且它们并没有什么固定价值，波动频率和波动幅度非常大，市场价格极不稳定，最终，这一切都扰乱了所有现行的契约法。通货膨胀后，接踵而来的就是信心丧失、物价升值、经济萧条和失业率激增，各种灾难和不幸开始考验人们承受能力的底线。批发商、经销商、零售商经常通过提高售价来应对多变的价值标准，而一些薄产者则纷纷失业，急切地希望得到救助。

当政府开始用无法兑换的纸币进行试验时，他们就应该设一个合理的限度。但实际情况是，纸币发行的数量取决于政府首脑们的既得利益，取决于他们的一时兴致。最后的结果就是政府的行为日益嚣张，腐败现象日益严重，债务问题日益繁重，那些人以发展公共事业和扩大公司规模的名义，不断填充自己的腰包，无限的扩张已经成为常态，华盛顿联邦政府力量的不断强大已成为民主党宣讲演说的主题。

然而，俄亥俄州的民主党又向联邦政府提供了哪些消

第24章 竞选州长

除通货膨胀的良策呢？在战争期间，出于必要，政府发行了法定货币——美元，但在1864年6月20日的法案中，政府又做了如下庄严承诺："美国政府发行的货币总额不会超过四亿美元，即使由于临时性贷款而需要增加，增加的额度也不会超过五千万美元。"但俄亥俄州的通货膨胀论者却为了满足自己的一己私欲，提出要印制不可兑换的纸币，而且这种纸币的发行数量完全取决于发行者的主观判断，或者市场的临时需求。这个领域最出色的学者曾经说过："这件事必须要有高超的技术和慎重的态度才能完成，而且必须能够抵抗一切风暴。"他还说："财政部部长应该有一定的判断能力。他手里握着国家的脉搏，能够感觉到所有动脉的跳动，知道血液的流动强度与速度，明白什么时候应该放慢速度或停止扩张。"

这让我们不得不直面这个危险政策的致命错误，可问题在于，很多时候，医生根本不考虑患者的脉象。在国家的商业、财富和人力方面，既没有一个人，也没有一届政府和国会能让人完全信任。关乎整个商业界的正常商业规则没有得到保护，反而是政治利益、政党利益或者政治家的野心在操纵一切。它对国家的繁荣、经济的发展没有任何好处，只是为了满足国会内外某些政治领导人的愿望。最好的办法就是使用世界公认的纸币，如果这项政策能够得以实施，那么国家的经济至少是安全和稳定的。

俄亥俄州的共和党人从来不推崇鲁莽的决策，也不会为了恢复经济而实施货币紧缩政策，他们能够看到国家这艘大船航行的正确方向，他们做的事经得起时间的考验。

为了国家强盛，经济繁荣，也为了保护已经得到的东西，他们要做很多事情。

……

这几个月以来，我们的信心在不断增强。

……

去年，参议员艾伦·G.瑟曼曾在上议院清晰地陈述过这个问题。1874年3月24日，他说道："我从来没有说过通货膨胀无法挽救，我们可以通过兑换铸币实现支付功能，这既不是收缩也不是扩张，而是让其在国家商业和生产力的带动下自然恢复。因此，它和无法兑现的通货膨胀是完全不同的。真正意义上的通货膨胀是永久性地废止了金银的流通，用无法兑换的纸币代替货币，这个时候，纸币发行、流通的数量几乎只能依靠政府的信誉、国会成员的既得利益来决定了，这就是所谓的通货膨胀。先生们，我从来没有说过那是我想要的，作为一个民主党人，虽然我可能过于保守，但不管我毕生的信念受不受欢迎，我都不能放弃。"

1874年4月6日，当上议院的通货膨胀法案失败后，他又说道："在这个国家，像我这个年纪的人将会再次看到联邦政府统一的货币，世界上每一个研究政治经济的学者都会说，这是唯一一种不会骗人的货币。这就意味着，在我有生之年，甚至是我入土以后的很长一段时间内，人们还会使用这种不可兑现的货币进行商业往来。

资本家们认为，这种货币是用他们压榨劳苦大众的汗水来滋润他们肥田的最有效形式。"

巴恩斯维尔

在哥伦布市，民主党大肆宣传的法案对我们恢复信心造成了很大的冲击。美国各地的自由党报刊及英国和德国的民主党报刊都收到了该法案。我国的自由党和德国的报刊强烈地谴责了他们，说他们扰乱人心，并准备与其断绝关系。一个民主党报刊更是以更加强硬的语气批判了他们。两年前，俄亥俄州议会提名民主党的威廉·艾伦为州长，不可兑换的纸质货币终于要废止了，为了不损害债权人的利益，不扰乱国家经济和商业秩序，铸币将代替这些纸币成为支付货币，从那以后，通货膨胀再也没有出现过。

国家的信誉取决于它兑现承诺的能力及切实可行的计划。如果国家发行的纸币无法兑现，如果货币贬值，那么国家的信誉也会贬值，所有的贷款必将付出高额代价。那时，我们必然要向其他国家借钱，而且短时间之内，这种状态根本无法改变。到那时，有息债务将会超过七亿美元。每年，我们都会因污点信誉而损失三千万到四千万美元。当然，如果我们能以同样的利率从西方一些实力雄厚的国家借到钱，那么每年就有可能少损失两个百分点。

如果一个人承诺的越多，失信的次数越多，那么他的信誉就会越来越糟糕，换作一个国家也是一样。美国承诺用五美元的法定货币支付债务，可这个承诺只是纸上空文，实际上根本无法实现，因为偿还债务超过期限后，货币会以百分之十二的比例贬值。

国家也认识到了这种局面的发展规律，于是开始满怀期待地等待，直到这个国家的实体经济能够支撑他们偿还债务。

第24章 竞选州长

然而，哥伦布市的财政大佬们依然不知悔改，他们还要继续发行纸币，这就是通货膨胀了。没有人会怀疑最后的结果，毫无疑问，国家的信誉会遭遇质疑。而且贬值会一直继续，百分之十的贬值会导致流通现钞的价值损失五千万美元到一亿美元。更可怕的是，它在商业上的影响更是灾难性的。因为现行的法定货币有一个专业人士设定的最大上限，所以它有一定的稳定性，可一旦这个上限被突破，那么一切都将变得无法确定。这个计划的设计者认为通货膨胀是好事。几年前，人们讨论这件事时，辛辛那提的一位询问者说道："为了保证每个投票人手中都能有四百美元，国家需要发行二十亿美元。有人觉得多吗，比你想要的多吗？"这充分说明通货膨胀没有限制，它就是走向毁灭的下行线路，它将会毁掉整个国家和所有人的信誉。世界的其他地方也有相同的价值标准。我们的承诺毫无意义，因为货币发行已经超过底线。

不过，幸运的是，现在有些州还在使用世界货币。比如，美国南部最负前景、最繁荣的得克萨斯州还在使用硬币，加利福尼亚州及其他几个太平洋沿岸的州也是一样。看看他们的条件，他们可不是美国最落后的地方。

这个计划显然行不通。世界上所有的文明国家都反对它，全国有影响力的报刊都反对它，共和党、民主党的精英们都反对它，民主党的三个总统候选人都反对它，在美国的德国人都反对它，知名的企业家们也都反对它。俄亥俄州的乡亲们，我相信，到了1785年10月，你们也绝不会为这个计划投票的。

自从哥伦布市的通货膨胀平台建立以来,在情感上和立场上,支持它的朋友都发生了很大变化。那时,他们还很有信心,也许他们的独裁和专横渗透到了他们的硬通货里。没人去怀疑这个平台的意图和意义,支持它的人说国家需要更多的钱,而现在,钱确实多了,这就是政府发行货币的随意性。当批判和谴责的风暴席卷整个平台时,支持它的人才意识到危险,然后,很多人慌忙撤退了。

　　他们说不是为了通货膨胀,不是为了不可兑换的纸币,从来都不是为了这些,他们一直坚持硬通货,想要回归并一直保持硬币支付。如果是这样,那么对他们来说,那个平台又意味着什么呢?他们是想要通过发行纸币来增加财富吗?当然不是。他们是要发行更多可以用硬币补偿的纸币吗?也不是。他们想要发行更多的法定货币,无须补偿和不会贬值的货币,不过根据报刊的记录,公众是极力反对此事的,俄亥俄州的通货膨胀论者开始放弃他们的平台。乔治·H.彭德尔顿先生也不想为哥伦布市的计划承担责任,他说:"我说的话只代表我自己,我不想为民主党说一个字,也许民主党的议会能够给出一个合理的解释"。后来的会议上,议员对平台的表述听起来也像是为了硬通货。艾伦·G.瑟曼法官表示很难理解。他以为那些坚持硬通货的人被打败了,会情绪低落。现在看起来,议会结束时,加里将军好像要落单了。艾伦·G.瑟曼法官如果能再次召集一批支持者,就一定可以用同样的阵容击退通货膨胀论者的兵马。毫无疑问,俄亥俄州会一战定乾坤,在1875年10

威廉·艾伦

月完败对手。而我们这一代人也终于可以享受公平合理的货币政策了。

在之前的宣讲过程中，我向大家展示了他们的规划有多么糟糕。接下来，我再说说我在调查中发现的事情吧。调查时，我发现，在慈善、刑事和改革机构等方面，整个州都遭到了教条主义的影响。州里的城市，尤其是主要城市问题严重：执政者腐败；财政支出激增，经济疲软；税收加重；公职人员的数量猛增；议员贪污腐化、寡廉鲜耻；执政党高举"打击腐败"的大旗，却以失败告终。为了批准拨款，虚伪狡诈的政客们想方设法地为州财政征款征税。1874年，俄亥俄州的税收总额超过了两千七百万美元，比过去几年的总和还要多。

在我们州的政治事务中，最有意思的是关于《基恩法案》的讨论，这一度引发了民主党极端分子间的争论。在共和党代表大会上的精彩演讲中，威廉·H.塔夫脱法官宣扬了关于此事的重点内容，他说："我们的格言一定是全民自由、全民选举，努力追求全民教育。"

讨论这些问题之前，为了避免不必要的误传，以免此事被高度政治化，我们事先声明，无论你是新教徒、犹太教徒、天主教徒还是无神论者，我们都不攻击任何部门和个人。

很多民主党议会也会针对性地出台措施。在教育问题上，共和党州议会已经通过决议，估计会有约四十个县实行。在最后一次议会上，州教师协会一致通过了下面的决议，由决议委员会成员塔潘先生负责宣读：

第24章　竞选州长

"此事已决，我们对本州的每个孩子推行自由、公平、无教派的教育，在教育经费分配方面，对任何教派和学校有所偏向，都会对教育和宗教事业造成伤害。"

很多年前，与公立学校作对的党翼搅局分子就存在了。近几年，这股势力迅速扩张，已成气候，覆盖了州里所有的公立学校——分管学校大部分的采购工作。他们成功控制了主要城市和各大乡镇，并将学校分成很多等级以提高利用率。美国的教育体系一向很好，几乎每个家庭都可以为孩子挑选合适的学校，让孩子发挥各自的特长。相对富裕的家庭则有足够的选择空间，给孩子提供更优越的学习条件。

平等地接受教育是每个公民的权利。只有如此，社会上的各种资源才能更好地融合，社会才能更加和谐。但共和党的敌人却一门心思地想要破坏这种和谐。他们迫使四分之一到三分之一的学生离开各城镇的公立学校，然后再把这些学生送到所谓的"好学校"。因为这个原因，这批青少年失去了应有的关怀。没人质疑他们是否有这样做的权利，也不会有人说他们没有权利公开指责公立学校。党派极端分子有权说这些学校是"不敬上帝的异教徒遗址"，说"这种长期的教学体系是人类社会的癌症"。然而，当他们成功地把学校分开，想要通过免除学校税收、划分学校经费或者打破原有体系来博得更多人的支持时，是时候出来阻止他们了。我们都知道，无论是政府还是政党，都不应参与宗教事务。同样，宗教各派也不应干涉政府或者政党的行为。我们也知道，现在的政府和宗教是相互影响的，如果党派极端分子向政党的立法机构提出要求，以选举相威胁，使会议无法正常通过，如果这个政党向这些威胁者低头，那么这些无理的要求，以及立法机构的活动都会变成政治讨论的主题。这样一来，党派极端分子就参与了立法，并为接下来的搅局做好了准备。

上届立法会议很少提及这个话题。面对《基恩法案》的层层询问，我们已经得出大致的结论，法案本身已不再重要。在宗教和法律惩戒这些问题上，我不想说良心上的谴责没有用，但对国家的每一寸土地，国家的《宪法》都有效力。1802年通过的旧《宪法》及1851年的《宪法》大体一致，内容基本没变。现在，我将引用一段1851年《宪法》第七章第一节的内容："所有人都可以凭借他们的良知享有信仰万能上帝的权利，这是一项与生俱来、不能被剥夺的基本权利。任何人无须在不情愿的情况下去做礼拜或者类似的活动，而且法律不能向任何一种宗教派别倾斜，也不能干预宗教赋予人民的良心权。"

如果《基恩法案》只是《权利法案》相关部分的再现，那这就是一项额外工作，难怪州议会不会通过。《基恩法案》的作者写道："成员们都说这个法案完全没有必要。"在新泽西州，类似的法案也被三比一的票数否定。但在俄亥俄州，党派极端分子却通过了该法案。在给辛辛那提的墨菲先生的信中，基恩先生写道："在民主党的会议上，我们曾做过声明。俄亥俄州的民主党主要由爱尔兰和德国的天主教教徒组成，他们信念坚定，忠于民主党，因此，民主党也要履行它对我们的义务。我们有足够的权利向他们

第24章 竞选州长

提出要求,因为他们主导着州议会和州政府。没有我们的投票,就没有他们的今天,因此他们应当为我们排忧解难。"

在其他地方,"法案友谊之家"发表了一封公开信,在信中写道:"十分之九的天主教选民都与政党有关。基于过去所做的贡献,所以现在他们控制着整个州。没有天主教的支持,政党就无法在州里立足,就连在乡镇立足都很难,其权利和地位也会瞬间瓦解。现在,虽然政党大权在握,但基恩先生的法案将很好地检验他们的职责。"

那个威胁很快起了作用,法案通过了。于是,党派极端分子说:"在秋天的选举中,坚不可摧的天主教选民将会把选票投给民主党。"而给这个法案投反对票的人则说:"他们那是在给自己的政治生涯挖掘坟墓,他们没有投赞成票可不是我们的错。只要有人在这个政治圈里再次出现,我们就会送他一个天主教选民都能看懂的牌子。"

最后,州议会没有尝试任何反抗。事实已经无须争辩,这是党翼分子第一次干预俄亥俄州州议会。我想,智慧的俄州人民仍会在1875年10月指责他们的行为,尽管已经持续了多年,或许今年就是最后一次了。

没有一个政党想通过《基恩法案》,但厌恶学校的掌权派通过了这个法案。民主党的党派极端分子控制着国家的大中型发达城市,维持着国家各大城市间权势的平衡,没有他们投票,民主党将会失去俄亥俄州的所有大城市和乡镇,以及北方各州。内战期间,乔治·麦克莱伦将军是联邦军的总司令。他曾率领部队与叛军作战。1864年,他出现在了总统游说大会上。州里的一位知名人士曾说道:

"哪一个南方邦联的敌人想要投票给他呢？只要他参选，我就反对他。"

在此，我想对公立学校的朋友们说，如果你把手中宝贵的选票投给民主党，那么你将与整个教育界为敌；如果你把选票投给共和党，那么你们学校的未来将是一片光明。

共和党以绝对优势完成了这场重要的游说。而现在，他们的对手还背负着上次州议会选举失败所造成的压力。在俄亥俄州，民主党州议会不走运。自从二十年前政党分开以来，民主党在州议会上还从来没有像今天这样失败过。俄亥俄州的人们也从没想过让民主党连任两届。民主党的通货膨胀平台惹怒了德国民主党人士，赶走了自由共和党人。现在，只有一小部分守旧的民主党人才真正接受他们。

在这个州的每个城市，共和党人的确力量不足，承受着持续不断的攻击。如果民主党人想要翻旧账来攻击他们，那么不管是在南方各州还是在华盛顿，共和党人都会坚决还击，向民众揭露民主党人在他们自己城市的所作所为，让民众知道民主党在上次州议会上的所作所为。

诸如此类的材料数不胜数。共和党人既没有跟公立学校的党派极端分子纠缠，也没有在公共事务上向他们的无理要求低头。我们的演说大会气氛活跃，掌声雷动。我们也获得了大量选票。民主党从来没有在俄亥俄州取得过我们这样的成功。"我们的宗旨是'花钱透明化、学校免费化'。即使通货膨胀和执政党变动，这个宗旨也不会变。"

这就是温和爱国的海斯将军给民众们讲的道理。从此，他带领

乔治·麦克莱伦将军（左三）与同僚

共和党人扬帆起航。他的演讲抑扬顿挫，总能激起人们的共鸣。海斯将军的其他演讲也十分精彩，同样展示了他的个人魅力和政治才能，令人回味无穷。

海斯将军的演讲充满了激情与智慧。在1875年的演讲中，他知道他要表达什么，也知道人民想要什么，更知道如何坚持自己的原则。在担任州长的两年里，他政绩突出。共和党在俄亥俄州的地位也因此得到提升。

值得注意的是，后来，"辛辛那提文学俱乐部"的成员，如海斯将军、斯坦利·马修法官、曼宁·F.福斯、德修·怀特、约翰·W.赫伦、R.H.斯蒂芬森等都成了国家政界的翘楚。

虽然很多人认为他们当时针对国家政治经济问题所提出的观点是荒谬的，但现在大多数政治家频繁地引用、复述他们的观点。在前文中，我们已经介绍过这些观点。在后文中，我们还会节选出更加精彩的演讲，以方便读者能够更进一步地了解海斯将军在俱乐部所倡导的原则，了解他是如何一以贯之地坚持和贯彻这些理念的。

第 25 章
海斯将军的演讲摘录

改革——以美元支付国债——发行债券——政党历史——黑人选举权——法律面前人人平等——管理国家事务——喷泉的贡献——士兵纪念碑的贡献

我们希望给广大读者公正、全面地介绍作为政治家的海斯，展现他在各个阶段的思想，以及不同环境对他演讲风格和演讲材料选择的影响，所以，我们在此摘录了他的一些演讲。

我们引用的第一篇演讲的时间是 1867 年 8 月 5 日，演讲的地点是俄亥俄州的莱巴嫩。在演讲中，海斯将军说道：

> 毫无疑问，托马斯·乔纳森·杰克逊将军是正确的，正如 1832 年有人欲分裂联邦而建立南方邦联一样。为什么会有这样的想法呢？这种诉求的依据又是什么呢？伟大的政党——无论其是否具有地区性——不会是政治事件的受害者，也不会是政治阴谋的策划者。由小团体衍生而来的小党派可能会在一两次选举中占据优势，但明智的政党领袖不能只思考如何使本政党永久强大，以此来获取优势。去年夏天，费城会议的结果或许已经让那场运动的始作俑者意识到了这一点，伟大的政治运动向来都有充分的理由。那些企图分裂联邦而建立南方邦联的人有何依靠呢？

他们告诉了世人什么叫恶意利用国家《宪法》，他们曲解了州权的含义，尤其是最重要的那条"任何州都有权在任何时候退出联邦"。这项条款被别有用心者当成破坏国家统一的工具。

他们以肤色和种族为标准，把我们国家南部超过四百万的公民划分为低等人。虽然这些公民心智健全，但白人却不尊重他们的权利，而南方的社会、经济、宗教和法律均基于此，这就是这些分裂者行事的动力和源泉。这种行为虽然既受法律保护，又合乎惯例，但与《独立宣言》背道而驰。它严重破坏了我们的国家统一，也是我们之前那场内战的诱因。1861年1月23日，民主党在哥伦布市召开了州代表大会。我记得，那天的气氛无比凝重，内战的威胁压得人们喘不过气。南方叛军招兵买马，训练有素，他们手握着从兵工厂抢来的武器，满脑子想的都是：联邦究竟会就此灭亡呢，还是联邦中那些忠诚的北方人会像个男人一样战斗，在国家分崩离析之前奋力一搏呢。那次大会必然要谈到这个问题，没有人会保持沉默。参会的有民主党的主战派与主和派，还有托马斯·乔纳森·杰克逊与约翰·C.卡尔霍恩各自的追随者。主战派意欲同叛军战斗到底。最终，因为列举出的有力数字，主和派获胜了。更确切地说，是他们提出的那些缓兵之计占了上风。

当前俄亥俄州的民主党州长候选人是艾伦·G.瑟曼法官，他德才兼备，是个杰出的律师、优秀的法官，也是个经验丰富的政治家。在州代表大会上，艾伦·G.瑟曼法官通过了一项决议，决定向全体美国人发出来自俄亥俄州

第25章 海斯将军的演讲摘录

二十万民主党人的号召。当北方人既想遵守《宪法》，又想不得罪南方人时，我们要考虑到，南方人既然享受着《宪法》赋予的权利，那就必须履行相应的义务。为了支持这项决议，艾伦·G.瑟曼法官在大会上发表了演讲，他说道："如果有人认为南方人反叛的原因是他们觉得自己在亚伯拉罕·林肯总统的统治下受到了压迫，那么他们的理解能力绝对有问题。使南方人警惕的其实是这届总统竞选传递出的新思想。如果依然有人觉得南方人发动叛乱有理有据，那他简直就是在挑战人类的道德底线，这种人应该是在每天开始干活之前就做好了受压迫的准备。南方人确实勇敢，但南方各州绝不能靠武力统治。美国南北之间的积怨比匈牙利和奥地利之间的矛盾还要深。想想叛军的所作所为吧，在表决时，居然还有些所谓的爱国者选择容忍叛军的罪行。"叛军已经在美国四分之一的领土上攻城略地。同时，为了让所有蓄奴州加入反叛阵营，他们正在迅速扩大规模。在叛乱地区，联邦公民的生命财产安全正遭受着反叛者的侵害，国旗被踩躏，遭到撕毁，爱国者们无不义愤填膺。

决议里提到，北方人要对南方同胞负责，北方人的最高职责就是平定叛乱，这既是对他们自己负责，也是对南方同胞负责，更是对联邦和上帝负责。任何反对高压政治和强权的演说、决议都是在向这个国家公敌提供间接支持。对反叛者而言，人们的同情与安抚比火力支援更有用。

如今，改革工作已经开始，当初那些一败涂地的民主党主和派人士居然又厚着脸皮跑来，意欲独掌改革大权。

他们说他们心中早就有了既通俗易懂又便于操作的计划，还宣称该计划对各党派都有好处。然而，他们的计划跟战时主和派的行径别无二致。此前，主和派就十分体谅叛乱者，但并不怎么同情忠于联邦的南方人，甚至非常敌视那些拥护联邦的黑人。

因此，那些反叛者一旦决定投诚，就必然会安然无恙。在内战中，所有对南方邦联不利的法律法规，包括各种地方法律、国家法律乃至军队和其他政府部门的法规，都将被废除。反叛者的代表们就会堂而皇之地出现在国会，连宣誓都免了。在陆海两军与公务员的任命问题上，反叛者与忠于联邦的官员一样享有决策权，叛乱地区的政府及其官员也不会像北方各州一样受到军队和其他部门的监督。然而，各色人种，无论他身处南方还是北方，只要忠于联邦，就都应受到国家法律的保护。

如果南方邦联掌权，那么我们就不会有《宪法》修正案，更不会有废除奴隶制的诉求。简单点说，人们很快就会原谅甚至遗忘这场浩大的叛乱。或者用南方邦联发言人的话说，美国人民会慷慨地原谅他们。反叛者们一直致力于扩大这场战争的代价和伤亡。但最后，它仅仅是大卫·罗斯·洛克口中的"一场不愉快"，那些要废除奴隶制的人才是这场不愉快的罪魁祸首。如此一来，受到战争影响的地区就能迅速恢复奴隶制。杰斐逊·戴维斯、罗伯特·图姆斯、约翰·斯莱德尔、乔治·曼森等人将继续待在参议院。罗伯特·E.李、亚历山大·赛姆斯和达布尼·H.毛利也会在军队里官复原职。虽然南方邦联的反叛者肯定赞成主

大卫·罗斯·洛克（右）与同僚

邦联总统杰斐逊·戴维斯（右三）及其内阁成员

罗伯特·图姆斯

和派的计划，但忠于联邦的人民反对这个方案，这不仅是因为他们在联邦派的领导下取得了胜利，更是因为主和派的计划从头到尾——无论是原则性问题还是细节问题，还是其对后世的示范作用——都是错的。主和派的方案告诉人们，叛国造反不算犯罪，维护国家统一并非美德。他们没给出任何保证措施，也没有任何修正案，根本不能防止这群反叛者打着同样的旗号再次叛乱。

在南方，不惜一切代价支持联邦的人就此被免除公职，有些发誓保卫家园的人却被驱逐出境。这还不算完，按照主和派的计划，四百万的非白人公民被限定为恶棍阶层，他们承受着野蛮的奴役，忍受着叛乱者的暴行，我们却只能眼睁睁地看着，什么也做不了。他们把国家义务交给债主们，交给伤残的士兵们，交给老弱病残和鳏寡孤独。该方案宣称它可以无条件保全联邦，但它承认了叛军的合法地位，为迎合他们的需求废除了关系国家福祉的重要法律，而且它还否认了北方人民拼命换来的胜利，以及他们心中那无价的忠诚。主和派的改革方案完全是在纵容南方的分裂势力死灰复燃。在哥伦布市的演讲上，我的朋友弗里德里希·哈索尔克并没有高估这些工作带来的效果，他说道："先生们，这个计划可以立刻解决我们的诉求。那些可怜的奴隶不必再像逃犯一样被人迫害，叛军再也不会一言不合就肆无忌惮地对他们拳打脚踢，甚至要了他们的命。很快，曾经供主人取乐的奴隶们就要成为我们的同胞了，只是他们并非白人。因此，只要让黑人正式成为美国公民，我们就完成了解放奴隶的使命。"

第25章 海斯将军的演讲摘录

　　黑人不再是财产，他们从社会的弃儿变为真真正正的人。国家赋予了他们自卫权利，而且允许他们改革社会秩序，维持安全，恢复商业贸易。我们如果认同国家统一和人人平等的理念，那就应该恢复南方各州的合法地位。只要提出这一方案的政党还依然掌权，那它就能实现。

　　因为这个方案惹了那些支持男性选举权的人，所以北方的民主党主和派并不赞同此方案，俄亥俄州的主和派更是极力反对此事。他们说，对哥伦比亚特区和南方反叛州来说，如果赋予非白人群体投票权这件事算得上公平，称得上明智，那么生活在俄亥俄州的黑人一样可以享受投票权，整个北方亦然。

　　支持统一的公民毫不怀疑上述论断，但如果有人怀疑它与国会改革计划相悖，那么我们的回答如下：如今美国境内大概有五百万黑人，他们并非外来者，也不是我们国家的陌生人。黑人出现在美国土地上是因为我们的罪行，而非出于他们自己的选择，这是他们及他们父辈们的不幸。黑人的劳动为美国开辟了近三分之一的疆土，而这期间，他们忍受痛苦，牺牲私产，还得不到一分钱的报酬。

　　黑人的辛苦劳作为美国创造了大量的资源、无数的财富。不管我们是否愿意承认，他们都是我们的同胞，永远都是。黑人不只是我们的同胞，还是国家的公民。自由黑人本来就是殖民地的公民。我们父辈创造的美国《宪法》从来没有因公民肤色不同而设置障碍。鉴于我们自己和父辈的所作所为，黑人与我们承受着同样的负担，也要负起公民的最高责任。黑人也纳税，也曾上战场，与白人同胞们一起在独立战争前线并肩作战。从1770年波士顿惨案到1781年英国人在康沃利斯投降，在独立战争中，黑人同胞发挥了重要的作用。亚伦·班克罗夫特说，"黑人同胞的名字将与其他革命士兵的名字一样永载史册。"1812年的战争中，托马斯·乔纳森·杰克逊将军下令表彰了他手下参加新奥尔良保卫战的黑人士兵。黑人的人口之众多，其在内战中的贡献之大，我自不必多说。这个国家乐意接纳这二十万黑人公民，因为他们誓死捍卫联邦统一。平息叛乱后，经过民主党和国会议员们的投票，以及参众两院和总统的确认，新修订的军队法案允许黑人组成的骑兵团和步兵团加入美国常备军。

海军也是如此，从保罗·琼斯的时代到"奇尔沙治"号击败叛军的"阿拉巴马"号那天，不论是过去还是将来，也无论是和平还是混乱，黑人始终是我们的战友。此外，美国的黑人还是我们的纳税人、同胞和公民。如今，那些种族主义者仍然想阻止黑人获得投票权，这已经不可能了。

奴隶们从来没当过选民。为了促成合众国的建立，我们的父辈向南方的奴隶主做了妥协，允许他们拿出五分之三的黑奴做代表，条件是奴隶主们不再拥有其他折磨奴隶的特权。自由的黑人原本就是殖民地的选民。美国独立后，南北方都有几个存在黑人选民的州。他们选举出了宣布美国独立的第一批国会议员，参与了联邦《宪法》生效前的每一届国会议员选举，甚至参与了制宪立宪委员会的选举。从乔治·华盛顿总统到亚伯拉罕·林肯总统期间的总统选举中，黑人也有投票权。

1770年波士顿惨案

新奥尔良保卫战中指挥作战的托马斯·乔纳森·杰克逊将军

保罗·琼斯

虽然我们的政府被叫作白人的政府,但事实并非如此。这个政府不属于任何单一的阶层和民族,也不属于任何一个教派或者种族。人民的意见达成一致,这个政府才得以建立。因此,宾夕法尼亚州的约翰·马丁·布鲁莫尔先生称我们的政府为"人民的政府"。合众国政府既不属于本地土著人,也不属于外来移民,既不属于富人或穷人,也不单纯属于白人或其他有色人种。合众国政府是自由公民的政府。我们投票同意赋予黑人自由,赋予他们公民权和兵役权,这意味着我们再也不能剥夺他们的选举权。美利坚是一片言论自由的土地,想在无视七分之一人口的情况下建立国家根本不可能,因为这明显跟我们的初衷不符,所以这种荒诞行径是不会持久的。公平选举将开辟一个新的时代,长久以来的偏见不会让美国人民软弱,不会让他们放弃自我保护的权利。首席检察官萨蒙·波特兰·蔡斯说:"美国不会让国内弱势群体承受任何一点不公平。"这句话表达了他的真情实感。虽然我说了很多关于不同种族之间的冲突,但宗教差异、国籍差异和语言差异,以及等级和特权差距都是造成矛盾冲突的根源。至于犹太人、天主教和新教徒,英国人和爱尔兰人,以及贵族和平民之间的矛盾,人们都见惯不怪了。

在这个世界上,有些法律既片面又不公平,一个民族欺压另一个民族并不算违法;不同信仰的人拥有不平等的权利;某个阶级拥有其他阶级所没有的特权。在这种体制下,和平不可能长存,而矛盾和冲突将无穷无尽。但在美国,在这样一个公正平等的法律体制下,犹太人、天主教

第25章 海斯将军的演讲摘录

徒和新教徒都是平等的，不论你是英国人还是爱尔兰人，也不管你是普通百姓还是前贵族，大家都和睦相处。历史告诉我们，不公正的法律催生了冲突，加剧了矛盾，而只有公平正义才是社会和平与经济繁荣的基础。

不仅如此，公平选举还保障了大众教育的发展。在南方，人们最关注的就是学校的建设进程。由于黑人们曾经被剥夺了受教育权，所以他们视受教育为自由人的最高权利之一。而投票结果恰好保障了黑人的受教育权。南方的所有党派和公众人物都同意以下这一点：如果黑人享有投票权，那么南方各州的私立学校都将进行重组，将黑人受教育权列入办学条款。民众由白人和黑人组成，而忽视民众就是南方社会最令人失望的地方。如果国会改革计划取得成功，那么所有人就能上私立学校了，黑人子弟也能上学了。我们需要让白人坚信黑人不会因此落后。公平选举意味着智慧的普及，意味着社会的进步，也意味着南北之间的和解，以及白人与黑人的和睦相处。

南方战败后，有一个大党派在努力让反叛者受人尊重，使忠诚者遭人唾弃。与他们一起走向失败的，还有他们那所谓的"令人尊敬"的事业。不论是在社会经济方面，还是在政治上，不叛国是对道德的检验，也是对政府公职人员的基本要求。他们希望回到过去那个样子，回到那个寡头政治和州权为大的年代。国会改革计划的目标是挫败南方邦联的这一想法，保障公民的人权，使我们的联邦体制长久运行。曾经领导联邦军扫平叛乱的尤利西斯·格兰特将军、艾伦·托马斯将军、菲利普·谢里丹将军和霍华德将军都支持国会的改革计划，爱国者们最信任的政治家亚伯拉罕·林肯先生也曾表达过支持的态度。经过申请，在严格的审理讨论后，最高法院判定这个方案合法，并允许执行。在内战期间，忠于联邦的爱国人民就坚持国家统一，因此他们也都无一例外地支持这一改革计划。

在南方地区，内战带来的教训使那些曾经反对政府的战场勇士和社会精英们弃暗投明。詹姆斯·朗斯特里特将军曾是叛军的一员，在叛军中，他从普通士兵做起，一步步升到了指挥官的位置。他说国会的计划是一个"和平提议"，他建议南方各州应该拿出诚意，按此计划进行改革。一如往日反对废奴法案一样，那些不知悔改的叛乱者和固执的民主党主和派依旧反对这个计划，不过，他们的各种反对意见恰好埋葬了他们自己，拯救了美国。

与政府唱反调就是民主党主和派的方针，这些人的政治生涯简直一败涂地，所以，他们谋划推翻改革计划的图谋注定要失败。我不知道其他州是什么样子。但如果我没搞错，俄亥俄州的人民不允许政府里有任何一个人在国家危难之时做反叛者。除非内战暴露出的问题得到公平公正的解决，否则俄亥俄州不会承认这个有民主党主和派成员的政府。

俄亥俄州的爱国者宣称，在这个重大的历史进程中，俄亥俄州不允许任何人倒行逆施，因为这场运动旨在提高人的地位，扫除压在人民身上那无形的大山和人为的压力，让所有公民的一生都能够起点自由，机会均等。受这一理念鼓舞，俄亥俄州将在这次竞选中为正义而战。我也带着

第 25 章 海斯将军的演讲摘录

自信走进了我的竞选阵营,我相信这个事业的优点将弥补其不足之处。

1867 年 8 月 20 日,在巴达维亚,海斯将军做了一个关于金融问题的演讲,我们节选的片段如下:

乔治·H.彭德尔顿先生似乎是想在克莱门特·L.瓦兰迪格姆的无限扩张论和艾伦·G.瑟曼法官的反"戏弄"原

乔治·H.彭德尔顿

则之间找个平衡点。他说:"应该尽快给五到二十岁的公民发放资金,或者等他们成年后再发放也可。这样一来,货币体系才不至于混乱。"

就我的目的而言,只要艾伦·G.瑟曼法官和国会的民主党主和派能在支付国债的最佳方案上达成一致,而且这个方案不会造成乔治·H.彭德尔顿先生所说的货币混乱,我们就会全力协助推行此事。

兰尼法官和朱厄特法官都抱怨说,安德鲁·约翰逊政府现在正忙于发行利息债券来筹集资金。我非常赞同他们二位的意见,作为众议院成员,在第三十九届大会上,我多次投了反对票。但很遗憾,那二位法官的其他党内同仁并没有接受他们的观点,也没有跟着投反对票。最近的《辛辛那提询问报》上有这样一段话:"在1867年6月1日到1867年8月1日期间,抵押债务仅减少了四百多万美元,而在这期间,财政部部长减少了两千万美元的通货。他的目的是回笼资金。其他的国债都是没有利息的,但财政部部长却允许有息债务的存在,他认为这样做不会省下人们花在国债利息上的巨额资金。"

那么问题来了,是什么法律允许财政部部长麦卡洛这样做呢?朱厄特法官和兰尼法官说的好像这就应该是联邦派的任务一样。完全不是,他们查阅一下《美国国会议事录》就会发现,授权财政部这样做的法律是安德鲁·约翰逊政府惯用的一个小伎俩,那是由参众两院的每一个民主党议员投票决定的。

要否决一个法案,众议院里的大多数联邦派议员和大

第 25 章 海斯将军的演讲摘录

多数民主党议员都必须投反对票。在 1866 年 3 月 16 日到 23 日的会议上，议员们进行了投票表决。来自俄亥俄州的民主党代表芬克先生和勒布朗投了赞成票；然而，在来自俄亥俄的所有联邦派成员中，只有三个人投了赞成票；参议员威廉·特库姆塞·谢尔曼和詹姆斯·F.韦德也投了赞成票。最后，总统批准了该法案。事实证明，这二位法官抱怨的政策并不是联邦派所为，如果非要找个政党对这个政策负责，那它应该是在 1866 年掌握了民主的"安德鲁·约翰逊党"。

1866 年 9 月 4 日，在悉尼的一场演讲上，海斯将军这样答复艾伦·G.瑟曼法官：

> 兰尼法官与朱厄特法官告诉公众，这个美元货币政策是财政部部长麦卡洛制定并实施的，发行无税有息债券还是发行税息债券只在财政部部长一念之间。确实如此，这就是财政部部长麦卡洛的政策。但两位法官把话说大了，他们说这是联邦派的政策，不过我不同意他们这样的说辞。除了这个政策是安德鲁·约翰逊政府制定的，他们也无法证明联邦派制定了这样的货币政策。我还是老老实实地当观众，看着安德鲁·约翰逊和他的官员们坚持这个与联邦派毫无关系的经济措施吧。
>
> 虽然证明债券政策与联邦派无关并非是为了我自己，但我依然做好了准备，无论如何，我都要证明这一点。1866 年 3 月，美国国会审议通过了这项债券措施，允许实

行财政部部长制定的政策，即通过有息债券来筹集资金。我手里有当时表决的票据，我可以告诉你们，参议院、众议院的所有民主党人都投了赞成票，而我、劳伦斯先生、朱利安先生、约翰·斯科菲尔德法官还有大多数国会里的共和党人都投了反对票。最后，在民主党的影响下，少部分的联邦派人也跟着投了赞成票，所以它还是通过并最终提交给了安德鲁·约翰逊总统。1866年4月12日，安德鲁·约翰逊总统签字，写上了"安德鲁·约翰逊已批准"的字样。如今，拜俄亥俄州的威廉·E.芬克先生和勒布朗先生所赐，这项法案已经实施。在众议院，托了财政部部长的福，这个国家终于能靠有息无税的债券来筹集资金了。然后，这些先生们指责我们联邦派支持筹资政策并发行有息债券时，我就得站出来说他们搞错了。

在战后改革问题上，海斯将军说：

在致总统的信中，尤利西斯·格兰特将军写道："菲利普·谢里丹将军很好地履行了公民义务。他的卸任会被人当作挫败国会法律的手段，这件事只会让南方的分裂势力欢呼雀跃。他们以为自己得到了政府的许可，可以再次造反了。"

一个问题摆在人民面前，我们想要忠诚的人民和内战的胜利者来制定规则，使按此规则改革的国家不再发生类似的叛乱。我们也不想留下那种州权高于主权的愚昧观念，在战后的美国，我们希望持有这种想法的人明白，无

第25章 海斯将军的演讲摘录

论战前他们如何看待国与州的关系，如今，国家主权高于州权，任何违背联邦《宪法》的州法都是无效的。我再说一遍，因为奴隶制是内战的导火索，所以我们必须废除它，还必须让最后的残余——奴隶机构——从各州法律中彻底消失。在南方，我们不想再看到有人进行所谓的"自由讨论"。我注意到，在他的长篇演讲中，我的好朋友艾伦·G.瑟曼法官说道，近五十年来，美国这片土地上的言论自由和新闻自由从未受到政府或民众的干预，可三十多年来，南方根本不存在什么自由讨论。如果没有南方的乔治·曼森和迪克逊阵营，如果亚伯拉罕·林肯总统的人身安全没有受到威胁，那么支持废奴的亚伯拉罕·林肯总统根本不会做出那些态度比较温和的演讲。我们希望通过改革让美国南方各州与北方一样享有同等的言论自由和新闻自由。我重申，改革后的美国应该充分保障南方公民的各项权利，包括生命权、自由权、财产权和政治权利，而作为公民的前提是要忠于联邦，拥护总统。

我们的士兵击退了叛军，保障了南方受苦的人民能享有各项基本权利。为了保证改革顺利进行，保证改革的目标能够实现，我们要求执行改革进程的人必须是正义之士。还忠于联邦时，安德鲁·约翰逊曾说道："改革工作必须由美国的忠义之士负责，那些带头造反的反叛者只有默默接受改革的分儿。"我们希望大家都能明白这一点。我们只要稍微了解一下改革的内容及改革的进展，就能明白让忠于联邦的人执掌改革的重要性。安德鲁·约翰逊总统和亚伯拉罕·林肯总统基本上实行了同样的法律，也都宣誓

讽刺安德鲁·约翰逊总统的漫画,图中右一为安德鲁·约翰逊

漫画《永别了,我的伟大》,《哈珀周刊》为讽刺安德鲁·约翰逊的离任而作

过拥护国家《宪法》，但他们二人治下的改革重建工作完全不同。亚伯拉罕·林肯总统在所有州进行改革，他承诺重组州政府，选出忠诚的州长，忠诚的立法者，忠诚的法官和执法者。再看看安德鲁·约翰逊总统干了些什么，他只在一部分州进行改革，这还不算完，在所有改革过的州里，曾经的造反头子当上了州长，成了法官，甚至还被选为国会议员。

在同一次演讲中，海斯将军还说：

艾伦·G.瑟曼法官说我的演讲里有好多剪报，说我肯定是找了那些擅长针线活的老奶奶把报纸剪得整整齐齐的。我不知道艾伦·G.瑟曼法官是从哪儿听来的这些消息，我也没告诉过他此类消息。你们要知道，女士们是从不泄密的。我手里也有艾伦·G.瑟曼法官的演讲摘录，读过其中几句话后，我发现他也在用剪报，他从二十多种不同的图画、宣讲文、报纸、以前的演讲及小册子中剪取素材来展示有些联邦派的人在战时讲过的不爱国言论。我猜他一定是学会了用某些手段来获取剪报，所以他现在就跑来说我的剪报也是那样做出来的。

朋友们，我觉得我们不必让艾伦·G.瑟曼法官为他战时的行为负责。我想请你们用艾伦·G.瑟曼法官的标准来判断对错，如果你的祖国正处于战乱之中，作为公民的你应该什么也不说，什么也不做吗？事实上，这种行为会让同胞士气低落，可这就是艾伦·G.瑟曼法官的标准。

第25章 海斯将军的演讲摘录

那么艾伦·G.瑟曼法官,请问你的行为与之相符吗?你们不要引用艾伦·G.瑟曼在内战前的资料,我想说,那个时候,人们可能就搞错了,他们可能一开始就支持调和政策,或者是为了在某种程度上避免战争的非强制性政策。

然而,我要你们走进那个战争年代,进入那段成千上万的叛军在边境线上肆虐的日子,进入那个全世界都知晓的内战时代。就拿1863年年初来说吧,冲突是怎么来的呢?尤利西斯·格兰特将军率部抵近维克斯堡时,乔治·H.彭伯尔顿却率部将其困在了海湾。占领纳什维尔之后,威廉·罗斯克兰斯将军又率部向默弗里堡前进。不过,布瑞克斯顿·布拉格部将其堵在了田纳西州东部。波托马克军团和罗伯特·E.李将军的部队在弗吉尼亚州对峙,二者势均力敌。全世界都明白,如果选择了中立,这场熬人的战争很快就会结束。1863年是决定联邦命运的关键一年。世界上任何一个正常人都知道,联邦是为了国家主权和民权而战。整个欧洲的君主都把亚伯拉罕·林肯总统及其麾下的军队当作敌人,因为他们从来没有体验过人民的生活。那时的欧洲无人认可自由,没人知道亚伯拉罕·林肯总统正在为全世界的自由政府而战。所以请问,在那场战争里,艾伦·G.瑟曼法官你在哪里呢?在那个时代,我们缺钱,缺人手,我们还得给人民以胜利的自信和希望。

你的兄弟及后辈都上了战场,他们成功与否全靠你在后方的表现,靠那些在后方宣扬保家卫国的爱国思想,建议人们去参军的人。我引用的这一段话里,艾伦·G.瑟曼

在纳什维尔战役中,联邦军击败邦联军激烈交火

布瑞克斯顿·布拉格将军指挥战斗

威廉·罗斯克兰斯将军

第25章 海斯将军的演讲摘录

法官说他不会理睬那些不知名报纸和无名小辈。他还说，1861年，像他这样的普通公民说什么都无所谓。

我的天哪，艾伦·G.瑟曼法官，联邦派可不会因为你是个普通公民就放弃追究你的过往言行。我知道那时你还没担任公职，但艾伦·G.瑟曼法官，之前几年，你一直在领导你们州的最大执政党啊。当时，既有威信又有能力的你已经肩负着重大责任。如果这还不算，那就再说1863年，那时你不只是个公民，还是那年州代表大会的成员。作为委员，在那次大会上，你领导着建立了你们的政党纲领。而且在宣讲人不在的情况下，你还是进行游说的中央委员之一，此外，你还是你们党的演说家。好吧，艾伦·G.瑟曼法官，看来1863年时，你远非一个公民这么简单，你是你们阵营最有能力的人之一。1863年7月到10月，你一直在为主和派说话。

在那段多事之秋，国会里出现了一个很能干的主和派议员，他向国会和人民提了些建议，他说："在你们的统治下，我们是永远都打不赢南方人的，因为这不是事情的本质。你们花钱无度，意欲美国大地血流成河。"

记住以上这些后，让我们再来听听他对联邦的人民和军队说了什么丧气话吧："战败、债务、赋税和坟墓，这些就是你们的战利品。你们能让人民不惜一切代价参军吗？"让我们再听一遍他的话外之音："嘿，朋友，死在家里不是更舒服些吗？"艾伦·G.瑟曼法官，我们知道这些话也还罢了，如果让克莱门特·L.瓦兰迪格姆先生知道了这些话，那你可就糟了。我眼睁睁地看着同伴们要么独自战死在野外的战场，要么死在联邦监狱或者拥挤的医院里，但他跑出来告诉大家："嘿！死在家里多舒服啊！"艾伦·G.瑟曼法官，如今你在哪儿呢？你是个委员，是个演说家，你荣誉加身地去了哥伦布市，参加了1863年6月11日的州代表大会。然后，你花了整个夏天的时间去为那个用丧气话嘲讽我们的人拉票。

即使到了1863年年底，主和派还是执迷不悟。战争进展出乎每个人的意料。我们不仅占领了密西西比河，还把罗伯特·E.李将军的军队赶出了宾夕法尼亚州；米申里奇和诺克斯维尔的战斗也已经打响。我们还把战略要地田纳西州东部收入囊中，从那里出发，穿过田纳西州东部的山区，我们就可以直捣南方邦联的老巢。我们已经占有内部防线，东北可到亚特兰大，东南直达弗吉尼亚州的里士满，这是我们的巨大优势。随着事态的变化，我的朋友艾伦·G.瑟曼法官又在哪里呢？他在游说人们吗？游说他们做什么呢？很幸运，我国人民并没有把俄亥俄州的官职授予跟他观点类似的人，但艾伦·G.瑟曼还是作为俄亥俄州的代表去芝加哥参加了会议，获得了总统提名，还为候选人建立了平台。

克莱门特·L.瓦兰迪格姆先生是地方代表，也是建立候选人平台的委员之一。他提出了最重要的一项决议，制定了候选人平台的主要纲领。会议结果告诉人们，战争是一场灾难，建议大家做好准备，与南方邦联谈判。这个提议公布时，战争还没有结束，但我们成功贯彻了这一决议。1863年的成就让我们在扫除叛乱的战争中有了巨大优势。

第 25 章 海斯将军的演讲摘录

我很清楚地记得,当我第一次读到这项决议把这四年的战争定性为完全失败的样子。就在这个消息传到了我服役的军队那天,我们还得知威廉·特库姆塞·谢尔曼占领了亚特兰大。我记得,那天晚上,我们的哨兵把这个好消息传给了敌人的哨兵。什么好消息呢?一个代表着北境近一半人口的大会得出了战争失败的结论。我们从来没有听过这样的消息,威廉·特库姆塞·谢尔曼占领了亚特兰大才是真正的好消息。

当我们停止谈论那些人的报道时,这一切都不值得去考虑或预测。在我看来,在未来的很多年里,这将会是人民的心声,对于领导者、处理政务的人及那些反对国家在战争中受益的人来说,荣誉是私人的。我们什么时候才能够停止讨论呢?当领导者来到人们面前时,我们才应该停止谈论那个争论吗?当然,直到由叛乱引起的每一个问题,每一个类似于叛乱问题的问题都解决了,我们才能停止讨论。在这些问题得到解决后,也许这些人会被长久地铭记,也许他们的行为会被长久地铭记。这条建议对"人民"有什么影响呢?它延长了战争的时间,使招募新兵变得不可能。这使我们必须起草一份草案,而他们反对这个草案,这就引发了矛盾,使国家不得不把军队集中起来维护国家和平。在对联邦忠诚的各个州内,有四万到十万的人留下来维护州内的和平。现在,当他们和你谈论债务及税收的负担时,请记住,正是因为战争旷日持久,而且没有尽头,所以债务才增长到了如此之大的程度。

我们还需要铭记一些事。我记得,最后一次国会会议

威廉·特库姆塞·谢尔曼部围攻亚特兰大期间设在城外的炮兵阵地

被炮火毁坏的亚特兰大

结束后，我去了阿灵顿国家公墓。以前，那里是罗伯特·E.李将军的地产，可我去时，我在那里看到了一个伟大的国家公墓——我们成功地改造了这个美丽的地方。

我看到了一万八千名士兵的安眠之所，那上面砌着白色的墓碑，墓碑上标明了他们每个人的姓名及每个人所属的团和连。走过那宽阔的土地后，我看到了更加震撼的一幕，我发现了一块巨大的花岗岩，上面刻着一段铭文："这里埋葬着两千一百一十一名无名士兵的遗骸。战争结束后，人们从公牛河战役的战场上，从公牛河战场到拉帕汉克的路上收集起了他们的尸体。虽然他们的遗体无法辨认，但他们的名字和死亡记录在国家的档案中，那些心怀感激的公民自发地纪念他们，在这些公民眼里，他们是光荣的。愿他们安息！1866年9月。"对这些因抵抗敌人而牺牲的英雄来说，虽然被雕刻在花岗岩上的赞美词会随着时间消逝，但美国人民不会忘记他们的功劳！

关于黑人的选举权，他说：

它赋予了俄亥俄州所有黑人选举权，记住这句话，我说的并不是公正的选举权或成年男子的选举权，它给了俄亥俄州的黑人和白人一样的权利。因为它是正确的，所以我支持这个观点。

如果有人问民主有什么意义？如何让人民受益？那么我的回答就是要建立起民有、民治、民享的政府。在这个政府的管理下，除非是因为犯罪而被剥夺了此项权利，否

第25章 海斯将军的演讲摘录

则每个公民都必须遵守法律，同时他们应参与制定法律。我提倡民主，善良的人们总是希望我们的政府机构可以建立在民主原则之上，在法律面前人人平等。然而，在其他方面，他们是不平等的，也没有人声称他们是平等的。我建议把他们想要的权利赋予每个人，简而言之，就是遵循伟大先导的教诲，"你想别人怎么对待你，你就应该怎么对待别人"。亚伯拉罕·林肯说："没征得他人的同意，就不能统治他人。"的确如此，你能够在没有他人同意的情况下管理另一个人吗？如果你真的这么想，试着换位思考一下，看看你是否愿意在他人没有征得自己同意的情况下被管理。《独立宣言》中提到，被统治者的同意给了政府统治他们的权利。如今在共和党的统治下，除了投票，一个人不可能同意被另一个人统治。除了投票，政府不可能赋予你任何政治权利。因此，在这种体制下，被管理的每一个人都有资格参加选举。

亚伯拉罕·林肯总统认为，1862年解放奴隶的行为是明智的。但许多优秀的联邦军指挥官认为，这是不明智的。他们认为亚伯拉罕·林肯总统在这个问题上走得太远、太快。不过，历史最终证明了亚伯拉罕·林肯总统是明智的。此外，亚伯拉罕·林肯总统认为，将有色人种编入军队也是明智的，但一些勇敢的士兵和邦联军指挥官却不这样认为，他们担心亚伯拉罕·林肯总统在这个问题上太激进，但历史又一次证明了亚伯拉罕·林肯总统的正确。事实证明，在朝正确目标前进时，亚伯拉罕·林肯总统的每一步都是安全而明智的。在政治、道德、公共生活和私人生活中，权利总是如影随形。

1867年10月5日，在辛辛那提的演讲中，海斯将军评论了第二国会选区中共和党地方部门的一些问题。以下是演讲摘录：

  在这个问题上，我不想被误解。我想和我的联邦朋友们公正、坦率地处理这个问题，那就是充分公正地给出我的意见。关于C先生和S先生在国会之间的竞争，我不想掺入个人情感。我只想提醒你们关注一下周二的投票活动。在这里，我不谈预选会，不谈公约，不谈个人恩怨，不谈那些需要被修改的错误决策，只想谈一些众所周知的事实。

  他们是谁？S先生是联邦派的候选人。伟大的联邦群体支持他。不过我认为，他更大程度上是被联邦媒体支持着。他的敌人C先生得到了选区民主党派的支持，并得到了主要敌对媒体《辛辛那提询问者报》的支持。朋友们，考虑一下，我不知道民主党派领导人得知了怎么样的事实，我也不知道他们进行了怎样的争论，我更不知道他们做了怎样的承诺或讨论，但我知道，这些精明的领导人肯定会把投票给C先生的原因说成是为了党派利益而不得不牺牲我们的利益。还有更重要的一点，那就是给C先生投票比直接给民主党人投票更有利。现在，C先生正在尝试得到当地选区联邦朋友的支持，我不说任何一句反对支持他的话，但我们要知道这样一个显而易见的事实，不论是支持

第25章 海斯将军的演讲摘录

他的民主党人还是给他投票的联邦朋友都被欺骗了。现在，我想建议你们听听这个城市中最有能力的人在1864年说的话："我总是从我们的敌人身上学习，亚伯拉罕·林肯为了战争而生，乔治·麦克莱伦为了战争而活，那我们是为了什么呢？"同胞们，问问杰斐逊·戴维斯想选举谁，爱国者就知道他不想选谁了。

现在，当你看到《辛辛那提询问者报》的克莱门特·L.瓦兰迪格姆先生和安德鲁·约翰逊都赞成一个人时，你们一定要相信，他们肯定不是为了联邦派的利益。

同胞们，我不希望攻击任何人。我想得到你们的选票，但只有实话实说，我才值得获得你们的支持。1869年10月12日晚上，将会有一场胜利，我们将选出胜利者。我想问问我的联邦盟友，你们是否想看到《辛辛那提询问者报》的办公室因胜利者而灯火通明呢？如果你想，你就知道你应该给谁投票了。如果你想要克莱门特·L.瓦兰迪格姆先生听到第二选区传来的消息后欣喜若狂，你就知道你应该如何投票了。如果你愿意，当这个地区的选举消息传到白宫，安德鲁·约翰逊和他的盟友肯定会弹冠相庆，大肆庆祝，这绝对不是定一个纪念日那么简单。

我的朋友们，不管你们承受什么样的委屈，你们都要明白，不能让在这场战斗中一直与我们作对的人成为胜利者。战争期间，克莱门特·L.瓦兰迪格姆和《辛辛那提询问者报》一直反对我们，不要犯这样的错误，不要犯任何错误，这样的错误会让白宫的反叛者们欢呼雀跃。

事实上，如果有可能，在国家重大问题前，每个人都应该严肃地履行责任,以确保他不会犯错。如果安德鲁·约翰逊认为国家会支持他,他将准备对国会发动战争。而如果他认为国家不支持他,我们相信,在没有成功前景的情况下,他不会发动战争。

1869年10月10日,在莫扎特大厅,海斯将军做了一个演讲,《辛辛那提询问者报》记录了这次演讲的内容:

现在,我的朋友们,让我们看看重建的问题吧,不是讨论重建问题,而是看看我们已经完成了哪些重建工作。

以劳动来说,今年,南方种植的农作物,棉花、甘蔗、烟草和玉米等,比这些州任何一年的农作物都要值钱。不要误解我,我并不是说他们种了更多的棉花或玉米,只是以目前的价格来看,南方的农作物比以往任何时候都更有价值,南方从来没有像现在这样繁荣过。

我希望南方人民可以生活在一个繁荣的社会,他们可以承担政府责任,分担部分税收,并支付国家债务。乔治·H.彭德尔顿先生的立场倾向于让所有问题变得混乱,但他反对重建,他认为再次开放是违反《宪法》的。去年,正如你们所知,在很大程度上,我们是受尤利西斯·格兰特暗示选举的。今天,为了国家的和平,我们站在同一立场上,谈论所有的难题。

我们希望南方繁荣而和平……我的朋友们,无论在哪里,乔治·H.彭德尔顿的胜利都会被国家政策的反对者当成他们的胜利。这种否认的威胁对这个国家造成了什么影

第 25 章 海斯将军的演讲摘录

响呢?战争期间,当我们怀疑我们能否维护统一时,我们以百分之六的利率向全世界借钱。现在,当国家有能力偿还债务时,我们唯一可以提出的问题是支付的方式及利率应该是多少?当英国和法国以及世界上的其他国家可以以百分之三点五到百分之四的利率获得贷款时,我们所能确定的是,我们可以通过谈判,以百分之四的利率延长我们的全部债务。不过,因为担心无法如期偿还债务,所以这个利率在百分之四到百分之六之间波动,这样一来,我们每年需要偿还四千万美元。

1872 年 9 月 4 日,在格兰岱尔的政治演讲中,海斯将军发表了如下观点:

> 同胞们,我今晚向你们讲话的目的是传播我对已经引起公众注意的国家政策问题的看法。在当前的形势下,两件事至关重要,那就是和平和健全的财政政策。我们要和平,光荣的和平,与所有的国家和印第安人的和平,以及所有国家公民之间的和平。我们想要值得信任的金融政策,它不会在国家信誉上留下污点,也不会玷污国家信用。我们想要一个足够稳定的金融政策,以便与劳动者、资本家及其他各类合法的经营者很好地计算下一周、下个月、下一年的财务情况。我们希望税收是公正的,纳税人所承担的税收与他们维持生活的能力成正比。我们希望我们的货币逐渐升值,没有金融危机或货币贬值,在贸易的自然过程中,它将达到和黄金一样永久的价值。

四年前，也就是上一次总统选举辩论期间，我们的国家面临着来自他国的威胁。其中，与我国矛盾最深的就是英国。当时，我们与英国之间的分歧几乎不可能得到和平解决。但现在，我们与世界上的所有国家都建立了良好关系。在国外的任何地方，美国政府都享有最高荣誉，将国家争端提交给仲裁法庭的例子已经存在，对世界来说，它的价值不可估量。四年前，在两千多英里的边境地区，野蛮的敌对行动频繁爆发，民众担心我们的国家会再次爆发一场漫长而又代价高昂的反印第安人行动，但在过去的三年半里，八万印第安人聚集在保留地内自给自足。在美国的宗教派别挑选的五十名代理的指导下，在政府雇佣的铁匠、木匠和农民的帮助下，他们准备在保留地和平地生活。

现在，野蛮敌对的印第安人只有约五万，政府的政策是尽可能迅速地将他们聚集在保留地，并在必要时强迫他们放弃野蛮的生活。这一政策已经取得巨大的成功。明智的人都相信，印第安人问题的解决方案已经出台，这个方案与边远地区人们的安全问题相一致，对印第安人来说也很人道。即使这种愿望无法实现，我们也应该明白，对印第安部落发动一场持续三个月的全面战争将比在过去三年半的时间里对印第安部落援助的总支出还要高很多。

现在和将来，有几个问题值得我们关注，公务员改革就是其中之一。约四十年前，一种公务员制度开始兴起，这种制度将诚实、能力和忠诚作为对公职人员的要求，这使党派服务成为重要因素，所以所有党派都采用这种制度。但在实践过程中，这种制度已经逐步背离设计者的初衷。

印第安人围猎野牛

印第安人抗击美军

一个印第安人家庭

最初，总统或直接做出任命，或通过部门首长做出任命，但后来，委任权逐渐转移到国会参议员和众议员的手中。在这种情况下，对政党服务的奖励不如对个人提名、选举方面的奖励多。总统和他的内阁保留了什么职位，以及哪些办公室的国会议员有资格填补这个职位，都没有得到明确的解决。一个与行政人员保持良好关系的国会议员通常比一个独立的人获得更多的资助。这种制度很糟糕。它破坏了政府各部门的独立性，也贬低了公务员的工作。因此，这样的制度应该被废除，我们也应该有所行动。让最好的议案通过，经验将告诉我们需要修改什么。如果没有更好的提议，我将支持参议员莱曼·特朗布尔的提案，或者詹克森先生的提案。关于这个话题，第一选区的代表亚伦·F.佩里先生已经在他令人赞叹的演讲中做出最好的阐述。我相信，他所倡导的原则将在实际的立法中体现出来，而这一天并不遥远，我们应该对公务员的任命制度进行彻彻底底的改革。

我们现行的关税法沿用的是战争时期制定的征税法。当时，在国内税收法律的约束下，国内生产负担沉重。所有的税法，无论是国内税收还是关税，都要为战争服务。现在，战争已经结束，内部税收也被废除了，我们的关税法案也需要进行广泛的修订了。在所有能够影响国家商业的立法修改方面，谨慎的议员会小心思量。在投入了大量资金与劳动力，并有了现有法律的信念支撑后，财政政策的稳定性不容忽视，削减应该是渐进和适度的，我们应该极力避免改革影响到国家商业和法律。然而，当不平等理

第25章 海斯将军的演讲摘录

念已经渗透到法律中时,我们就应该尽快进行改革。现存的关税法仍存在不统一和不平等的地方,征收关税的费用要比所产生的收入高。因此,这种不统一、不平等的税收应该被废除。现在,一些关税法规已废除内部税收,提供一些有利于特殊利益的工作岗位,并增加了消费者应税品的成本,这远远超过政府收入。在某些情况下,必需品的关税却高于奢侈品。这些都是需要修订和修正的地方。在这个问题上,代表们都习惯了。也许他们比其他人更关注自己选民的特殊利益。在关税法案的修订过程中,代表们的特殊职责是看到自己选民的意愿和利益得到充分和公正的体现。

这个问题不是政党问题,也不能成为政党问题。在国家、州和国会的政纲中,民主党人都忽略了这一点。他们虽然支持那些国会候选人,但忽视了那些国会候选人在这个问题上的意见。

在几个月前的国会辩论中,大家广泛讨论了特赦这个话题。不过,最近的大赦法特赦了那些被《第十五修正案》取消资格的人,这使此问题不再重要。大赦的方案被完全采用,这项政策扩大到了那些参与反叛的人。众所周知,一些主要的叛乱分子与企图烧毁酒店、蒸汽船的事件有关。他们还将被传染疾病污染的衣服送到联合医院。因此,他们不应该得到再次坐在美国参议院的资格,不应该再次得到在政府中拥有任何荣誉或收入职位的资格。

在当前政治现状中,这是一个令人鼓舞的事实,即公众享受并行使独立的权利,而不会失去他们支持者的信任。

事实上，国会议员希望解决的政治和党派问题的数量非常小。它的大部分职责是处理一般的事务或地方事务。在这个职责中，各党派没有意见分歧。投给国会的大多数选票已经不再是政党的选票。一个人可能在重要问题上与他所选择的总统有分歧。这个人还有可能会支持他反对的政党所赞成的某些政策，但这不会让他丧失影响力或地位。如果第二选区的人民能够给我荣誉，给我支持，我希望我能够在不忘记我是共和党派人士的前提下，在大多数的问题上采取行动，以确保获得所有党派的支持。如果我当选国会议员，我认为我的责任是支持每一个符合《宪法》的政策。这些政策将把享受繁荣、公正、正义、平等的权利赋予每一个南方人，同时它也有助于加强南北方的交流。

在赞斯维尔的著名演讲中，海斯将军认为，在民主党的管理下，新的《宪法》修正案并没有很好地捍卫《宪法》。在这次演讲中，他说了如下内容：

1871年1月，印第安纳州最后一次讨论了此事。最后，印第安纳州参议院会议通过了议案，以下决议是由休斯先生提出的，每个民主党人都支持它！

结果呢？印第安纳州参议院会议没有得到《宪法》、美国政府或者任何其他方面的法律支持，去确保美国的各个州批准美国《宪法》修正案将其作为国会代表的先决条件。所有批准是无效的，因此它获得的选票不应当被计算在内，从而影响全体人民和整个合众国的权利。印第安纳

第 25 章 海斯将军的演讲摘录

州的抗议者宣布所谓的《第十五修正案》并不是美国《宪法》的一部分，也永远不会合法。

俄亥俄州人民在最后辩论这个问题时，民主党在《第十五修正案》的原则和《宪法》有效性上的意见被采纳。说到修正案的原则，艾伦·G.瑟曼法官说："我告诉你，这只是一个钉入的楔子。它将摧毁这个国家所有明智的选举权，并把我们的国家从一个聪明的白人政府变成世界上最腐败的政府之一。"沃德将军说："我在俄亥俄州的同胞们，我大胆地断言，在美国《宪法》通过之前和之后，这个州一直都有这样的权利，在所有事务上都拥有主权。俄亥俄州现在拥有主权，没有它的同意，除非武力夺取，否则其他各州即使联合起来，也不能夺走它的主权。"

在民主党中，这些观点仍然很普遍。当代顿这个城市宣布一个"新启程"的消息时，俄亥俄州的领导机构说，虽然蒙哥马利郡的决议决定的一些事情看起来很有根据，但州公约是不会批准它们的，而且它们也不应该得到认可。它们犯了疏忽的错误，它们想借风航行，尽量靠近水面，而不被淋湿。任何地方的民主党人都认为，应该通过欺骗和武力修改《宪法》，他们也不打算在表达愤怒时用委婉语气。他们可能会在未来如何对待《宪法》修订这个问题上给出同意态度。但如果真的这样，《宪法》自由还存在吗？

在接受提名时，丹尼尔·麦克库克上校说："让我来谈谈《第十五修正案》，它赋予了黑人选举权。"这并不是战争的合法结果，这并不是脱离联邦的合法结果，但它是在一个政党的紧急状态下通过的，像俄亥俄州和南部的那些州一样，它们可能有控制权。从第十四次修订开始，我就反对《第十五修正案》。也就是说，如果《第十五修正案》只包含选举权，那么反对它的意见就会少一些。然而，它包含了赋予国会选举的规定。对国家自由来说，这是危险的，而且这个危险只能通过将来的民主大会避免。人们不相信行政部门。这些部门有钱有权，可以干扰选举。

在查顿，当海斯将军被问到这一问题时，他说，获得提名时他曾说过，在《第十五修正案》下获得投票权的黑人不会带走危险，而废除《第十五条修正案》将会消除危险。

他也被问到了《第十三修正案》《第十四修正案》和《第十五修正案》。"你认为它们有相同的意义和深度，像《宪法》的其他部分一样吗？"他答道："当然。人们不能看到反对采取措施和当它被采纳时屈服之间的不同，而反对已经变得毫无用处了。"

有人问这些修正案不会再变成政治问题吗？

海斯将军答道：

> 我没有权力回答这样的问题。我怎样才能回答未来的事情呢？我怎么知道纽约州的民主党或者其他州的民主党可能做什么呢？这些修正案怎么可能会成为政治问题呢？它们已经得到全国人民的默许。在丹尼尔·麦克库克的第一次会议上，哈伯德先生说，民主党人没有对修正案提出异议，修正案通过的形式是符合宪法要求的。然而，当你接受它时，如果你愿意，你可以称其为"新的启程"，这是一个未来的问题，我们不一定要进行讨论。

第25章　海斯将军的演讲摘录

海斯将军进一步说：

在民主党的选票榜上排名第二的亨特先生说，没有理由，也没有任何情况，是什么使《第十三修正案》比这两项修正案中的任何一项都更具约束力？如果《第十三修正案》废除了奴隶制，那么在《第十五修正案》下投票的权利就和自由一样完美。这些修正案虽然已经成为宪法的一部分，但并不排除它们被人们仅仅当作暂时性的法律来谈论，正当的行动永远不会被禁止，因为诉讼时效将由宪法本身来规定执行。经验可能会告诉你，任何关于有机法则的条款的改变都是必要的，任何永久的立法都要符合人民的意愿。一个聪明而认真的共和党人相信修正案有着智慧和价值。要求他投票时，人们会支持他。他会问："如果民主党在数个部门，包括行政、立法、司法等部门，都获得控制权，那么它会做些什么呢？"民主党会忠实地执行这些修正案吗？它会通过《宪法》修正案、司法决定、不友好的立法或者不立法或拒绝立法，利用它的权力来消除这些修订吗？

在"新启程"能够赢得共和党的选票之前，它的支持者们必须对这些问题做出满意答复。我引用的演讲没有提供这样的答案。丹尼尔·麦克库克上校反对《第十五修正案》，因为它包含了赋予国会权力的条款，对国家的自由来说，这是危险的。什么是危险的条款？第二部分写到，国会有权通过适当的立法来强制执行条款。"最近三个修正案中的每一个都包含了类似的条款。"……然而，这些演讲中最重要的部分是那些涉及废除修正案的段落。哈伯德先生说："我们不放弃对整个宪法进行再次修改的权利，因为我们认为这项修正案只是权宜之计。"这是一个未来的问题，我们不需要讨论。丹尼尔·麦克库克上校说："我怎么能回答所有未来的问题呢？我怎么知道纽约的民主党以及其他州会做什么呢？"亨特先生说："虽然这些修正案已经成为宪法的一部分，但这并不排除它被人们仅仅当作暂时性的法律来谈论，正当的行动永远不会被禁止。"这些的意思是，民主党失去权利时就会默许这些修正。

获得权力时，《第十五修正案》是否会被废除？这是一个不必讨论的未来问题。或者正如另一位尊贵的绅士说的那样，这个问题"超出了有利可图的讨论范围"。对这位共和党消息灵通的公民来说，当他被要求投票给"新启程"时，他非常喜欢坚持自己的观点。他说："我是否投票，这是一个未来的问题，现在，它不适合讨论。"这超出了有利可图的讨论范围。而且如果他尊敬"慕尼黑协会"，那么他会和丹尼尔·麦克库克上校说："我怎么知道纽约的民主党会怎么做？"

尽管在最近的会议上做出了决定，但很有可能，俄亥俄州的民主党真正的用意就像由巴特勒郡的民主党人所陈述的那样。因此，我们的立场是，尽管我们把所谓的"修正案"称为"野蛮侵犯"和"完全欺诈"，但事实上法律就是这样，因此我们将会容忍这些无效的行为。

第25章 海斯将军的演讲摘录

在这一点上，我们严格遵守了1871年5月举行的民主党全国代表大会上通过的路易斯·坎伯先生的第二项决议。

为了让读者重新思考，我们在这里引了这些讲话：

现在，就像以前一样，为了维护《宪法》和法律作为唯一的公共安全手段的至高无上的地位，我们反对一切违法和混乱的行为，我们将遵守他们所有的规定，直到这些规定被权威部门依法修改或废除。

在《第十五修正案》中，没有一个国家可以由于种族或肤色而否决任何公民的投票权。如果修正案被废除，那么，什么能阻止肯塔基州拒绝为有色人种投票呢？显然没有。而且如果它真的被废除了，那么很有可能，在此后的一段时间里，每个民主国家都会拒绝为有色人种公民投票，而大部分选民会由衷地为这一结果喝彩。事实是，没有任何合理的论据可以表明或倾向于表明，"新启程"与民主党的纪录一致。迄今为止，若作为一个法律问题，该修正案是通过武力和欺诈制定的，因此它是无效的；作为一个原则问题，这是一个"白人"的政府，如果赋予有色人种投票权，它将会改变政府的性质，并迅速将其摧毁。现在，"新启程"要求民主党人接受修正案，并承诺"确保所有人享有同等的权利，不论种族、肤色或健康状况。那些内心真诚的民主党人会发现，除非他们现在确信，他们的整个政治生活是一个重大的错误，否则他们很难接受这一承诺。当一个人为了得到选票改变他的政治原则，背叛他的信念时，他就不配得到支持。毫无疑问，在即将到来的选举中，俄亥俄州的人民将根据这一原则强烈谴责民主党以大胆的方式争取共和党的选票"。

在一次竞选中，威廉·罗斯克兰斯将军被提名，但却拒绝参加。海斯将军发表演说提到了他和他的政党：

营地周围到处是厌恶的声音。在奥利弗·W. 霍姆斯和塞缪尔·巴特勒的故事中，他们并不热烈地为"老罗西"喝彩。在适当的时候，威廉·罗斯克兰斯人的信来了。"不，我要谢谢你，我必须照顾我的家庭和债务。"对于一个关心自己的家庭或债权人并在民主党竞选中竞选的人来说，这不是一件好事。

在另一次演讲中，海斯将军说到了乔治·H. 彭德尔顿先生。他说道：

他真希望人们忘记那个记录，这并不奇怪，因为他的朋友为他找了一块踏脚石，让他成了总统。乔治·华盛顿之所以成为总统，是因为他的过去，尤利西斯·格兰特被任命为总统也是因为他的过去，这是过去政治家的爱国主义、智慧和政治家风度的记录，这是他未来的最佳保证。克莱或韦伯斯特，亚伯拉罕·林肯或弗雷德里克·道格拉斯，他们永远不会看到这一天，他们还没有准备好为自己的历程辩护。在战争结束后的二十五年里，人们开始质疑韦伯斯特在战争期间的爱国行为，他一生中最雄辩的演讲就是为了捍卫这一记录中的智慧和爱国主义。

在加利波利斯的演讲中，海斯将军提到了"美钞党"问题：

> 国会保证，国家发行的美元绝不应超过四亿。现在，在战争结束后，我们的民主党朋友们在哥伦布举行会议，反对某些民主党——艾伦·G.瑟曼、佩恩和兰尼的抗议活动，那些最新的民主党人——卡里、约翰·霍吉·尤因、路易斯·坎伯和贝克，他们无视共和党的阻拦并仍坚持自己的立场，他们决心支持更多的美钞党。

1871年10月7日，在辛辛那提戴维森喷泉的落成仪式上，海斯将军发表了简短的讲话。他说：

> 这个喷泉给整个城市带来了新的魅力。亨利·华兹华斯·朗费罗为位于美丽的河岸边上的卡托巴写了赞美诗，给卡托巴带来了美好的韵味，使河流更美丽。当艺术和天才在大理石或画布上为我们描绘出那些我们崇拜和喜爱的特征后，我们会在他们的脸上和他们的内心发现更多的赞美和更多的爱。这一项工作使辛辛那提成为一个快乐的城市，使它的人民更加幸福，让它的目标更有价值，而且它的未来也变得更加光明，但这喷泉并没有为辛辛那提或它的客人带来祝福。这个名胜是所有前来者的导师，任何人都会深受教益，而且它也一直提醒着人们对社会的责任。

弗雷德里克·道格拉斯

丹尼尔·韦伯斯特

在这个例子面前，有智慧的人不会心甘情愿地带着他对公众未尽的责任死去。在我们今天举行的典礼上，许多遗嘱将有一个完善的附录。在这里，公园、喷泉、学校、美术馆、图书馆、医院、教堂，任何给人类带来益处的事物，都会得到需要的鼓励和支持。这项工作告诉那些焦虑忧心的人不要忽视大好机会，要明智地、公正地把遗产分配给那些几乎与你血脉相同的少数人，以及那些与你有些距离的普通大众。如果你只关注那些在你自己的屋檐下长大的人，你所珍视的遗产将会被快速地分散，或许是被喜欢挥霍的继承人浪费掉，而你和你的财富则很快就会被遗忘。如果你把财产捐给那些与你关系较远的普通大众的话，你将会被人感激、被人牢记，得到财产的人也会因此而幸福。

1875年7月7日，在芬德雷士兵纪念碑的落成典礼上，海斯将军发表了一篇演讲，除了他的政治演说，这个演讲可以说是海斯将军发表的最有趣的演说了。我们摘录的内容如下：

很高兴看到汉考克郡的人民做了这么明智且爱国的事情——建立纪念碑来怀念那些汉考克的勇士们，那些在四年的战火中倒下的勇士们。这个郡所有的人都将为此而自豪，并希望永远留在这里。

为什么要为那些勇敢的人竖立一座纪念碑呢？每个时代，人们都普遍认为，所有为人类伟大事业献身的勇士们都应该被我们永远铭记于心。那些为了造福家乡而离开家乡的人再也不能平安回来了，他们把自己的生命奉献给了伟大而有意义的事业，我们甚至都不能用言语来表达那些我们可以称之为"伟大的事情"。

我听说我的朋友威廉·艾伦州长，以及同他一起的人从代顿出发，穿过了距此约一百英里的特洛伊、瓦帕康塔和利马等城镇。一路上，他们遇到的都是庆祝1875年7月4日国庆节的美国人，这是我们国家最著名的日子。朋友们想想吧，在1861年到1865年的战争中，假如我们国家的士兵们被击败了，我们今天还能庆祝7月4日的国庆日吗？我们又会有何感受呢？这将是一个悲伤、耻辱和屈辱的日子。我可以不向共和国创建者致敬，但我们不能忘记他们，同样的，我们也不能忘记那些为了拯救共和国而在战争中牺牲的士兵们。他们做了多么伟大的事啊！你们还记得亚伯拉罕·林肯总统在斯普林菲尔德向他的邻居和朋友们告别时的情景吗？他对他们说："我肩上的任务比乔治·华盛顿任何一个领导人的任务都要大，我请求你们给我祈祷，让我能得到上帝的帮助，没有它，我就不能成功，有了它，我就不会失败。"为了执行这个让亚伯拉罕·林肯总统觉得如此伟大的任务，1861年至1862年汉考克郡的勇士们纷纷涌到国家的旗帜之下。在一条绵延了两千英里的前线上，这些勇士行军、战斗，然后倒下。我不知道他们中有多少人已经被埋到自家附近的墓地里，我也不知道有多少人被葬在了战场附近的国家公墓里，我更不知道有多少人躺在山边的沼泽，躺在无名的坟墓里，但不管他们在哪里，不管有多少人，汉考克郡的人都为所有倒下的人树立了纪念碑，我相信所有的士兵都会感谢你们。

有一个日子我永远记得，那是战争初期的一次伟大战役之后的一天。伤口痊愈的我与其他康复的伤员一同出发，当我们经过附近的战场时，我们发现那里到处都是浅坟，里面埋葬着我们七百名战友的遗骸。毫无疑问，这是其他士兵在匆忙中把他们的遗体掩埋起来的。他们费尽心思查明了死者的名字，将之记录在死者旁边，希望有一天他们的家人能找到他们。要知道，那里没有棺材，也没有类似的东西，他们只能用蓝色大衣裹住死者，把斗篷盖在他们的脸上并固定住，这就是替代棺材的裹尸布。我觉得奇怪的是，这种羊毛材质虽然会被水浸透，但它确实防止了尸体腐烂，所以几个月后，许多人依然能被他们的朋友认出来，因为他们被大衣保护着。那么坟墓是怎么标记的呢？人们用铅笔在一块很薄的松木板上划了一层，刻上死者的名字和连队，然后将其放在坟墓边。这就是全部，我们不知道结果是怎样的，我们也不知道他们的朋友们会做些什么，我们更不知道会有哪些纪念碑树立起来。

　　当我们离开那个战场相互交谈时，我们说我们一定要为我们团的士兵们建一座士兵纪念碑。我不会说这是第一个建造纪念碑的团，我也不会说那是我有幸第二十三次去俄亥俄州建造的第一个纪念碑。著名的安蒂特姆河战役后，我们把所有士兵召集到一起，大约还有四百五十到五百人，大家用微薄的薪水筹资两千美元，一起建起了一座纪念碑。纪念碑上刻着这个团里所有牺牲士兵的名字，以及每一个继续赴战的士兵名字。我们将纪念碑立在克利夫兰的公墓里，因为埋葬在那里的我方阵亡士兵比其他任何地方都多。

安蒂特姆河战役中联邦军的炮兵阵地

联邦军渡过安蒂特姆河

安蒂特姆河战役中阵亡的将士

自那以后，新的纪念碑被不断地竖起，这些新的纪念碑比我们建造的纪念碑更宏伟、更精致、更昂贵，但据我所知，我们建造的纪念碑是第一个士兵纪念碑。我很高兴地看到汉考克郡的人民没有忽视自己的责任，你们明白，那些士兵应该拥有他们的纪念碑，而且应该被永远铭记。这将是一个对你们和你们的孩子都有价值的纪念碑：它是一个教师，一个不会讲话的教师。它会告诉人们，这些人为什么而牺牲？为什么要给他们建造这座纪念碑？我们的国家是一个伟大的国家，是一个从这个海洋延伸到那个海洋的国家，建立在世界上最美丽的大陆上。从这些阵亡士兵报名参军的那天起，美国唯一的敌人，就是对抗我们的人。我们不关心外国，他们太遥远。我相信，随着北方和南方的团结，我们可以用武器对付那些反抗我们的人。把一所房子拆开是危险，分裂国家是更大的危险。那么现在情况如何呢？我们知道，这里每一亩美丽的土地都只属于星条旗，永远属于美国！

它不仅仅是一个教训，还告诉我们，我们实践了《独立宣言》的原则。我不知道其他人会怎么想，但我相信，在过去的五十年里，所有阶层都有和平的愿望，如今，我们已经实现了这个愿望。为什么呢？想一下，在1875年6月17日邦克山战役一百周年那天，我们马萨诸塞州的人在波士顿的街头、在波士顿公园和邦克山上，向马里兰南方邦联兵团的士兵们致敬，我们让南卡罗来纳的人们和马萨诸塞州的人们肩并肩，就像他们的先人在一百年前击败英国一样。我认为，所有这些，在很大程度上都是由于我

邦克山战役

们取得的胜利。这一纪念碑是为他们建立起来的，他们的战友在其他州和其他组织，活着或死去。想想那些埋在那里的人——阵亡士兵，他们中，有的人曾参加过墨西哥战争，有的人曾参加过印第安战争，然而，他们都曾过着平民生活，他们都曾有着独立人权，三年来，他们都服从于那些未必比自己优秀的人。为什么呢？他们告诉我们，我们的刺刀可以思考。是的，支配刺刀的思想远比真实的刺刀更厉害。一位著名的英国政治家说："我能理解为什么这些数以百万计的美国人，宁可冲向武器也要保卫他们所建立的政府。"这并没有什么神秘的。现在，我只是不明白这是怎么回事，在那场战争结束时，有一百万人安静地退伍了，他们重操旧业，回归了平静的生活，成了好公民。我们有一个巨大的优势，我们可以组建一支由受过良好教育的人组成的军队。我们的纪念碑矗立在这里，它告诉我们团结的重要性，《独立宣言》原则的重要性，以及普及教育的重要性。朋友们，什么是纪念碑？无论它多么昂贵，多么美丽，如果它不能教会我们一些实际生活的责任，那它就无法体现自身的价值。当你看到牺牲士兵的父母妻儿时，只要是心怀正义的人都会对他们抱以同情。毫无疑问，我相信，在任何一个基督教社区里，纪念碑一定还向我们传递着另一种信息。那些倒下的人，那些失去了胳膊或腿的人，那些剩下的寡妇和孤儿，并不是战争的唯一受害者。肯定还有另一层含义。

  令我们高兴的是，许多参加战争的年轻人回到了他们的家园，而且比他们离开家园时更加的勇敢了。在军队服役期间，他们或许沾染了一些不良习气，然而，朋友们，当我们看到这座纪念碑时，我们应该明白，那些在军队中染上不良习气的人永远是战争的受害者之一。在拯救合众国方面，他失去了比生命更宝贵的东西。不要把你的目光从那个人身上移开，帮助他，永远不要放弃他。

第 26 章
总统提名

共和党大会提名——意想不到的荣誉——海斯将军的记者招待会——接受信——公务员——货币——公立学校——南北关系——结束语——竞选

1876年6月14日，海斯州长被美国共和党全国代表大会提名为美国总统候选人。这是一项伟大的荣誉，许多伟人都曾竞选过这个职位，所有竞选过总统的人都值得尊敬。然而，对于海斯州长来说，这个至高的荣誉跟他所获得的其他荣誉一样，都不是他所追求的，对他来说，这完全出乎意料。在这个国家，他几乎是最惊讶此事的人了，当他正安静地坐在哥伦布市的国会大厦时，电报发来了，共和党宣布了他被提名的事情。此前，虽然也有热心朋友在他面前提过此事，然而，直到他获得提名的那一刻，他都从未期望过被提名。在一封信中，海斯州长的一位密友提到了海斯对成为美国总统候选人的态度："1875年9月16日，我们曾去过杰斐逊，州长在那里发表竞选演说。在当时发表的一篇让人声泪俱下的悼词中，B.F.韦德先生介绍了海斯，并称他为'在美国人民中担任最高职务的合适人选'。""第二天，在汽车里，我兴奋地将这个消息告诉他。他似乎并不激动，而是递给我一张晨报，上面有一封查尔斯·F.亚当斯先生拒绝成为候选人的信。他说'这封信要表达的是，对于一个自认为成不了总统候选人的人而言，人们把他和总统联系到一起是

第 26 章　总统提名

一件尴尬的事情。他所能做的就是对这些评论置之不理，即使这可能会被误解。'他补充道，'年轻时，我很喜欢托马斯•B.麦考利的文章，其中一篇文章对我影响很大。这篇文章说，每个人都应该正确评估自己。我们国家有很多比我更伟大的人，例如像查尔斯•F.亚当斯这样的优秀学者。我认为他们都比我更合适成为美国总统，我尊敬他们。'"这就是海斯州长对自己的评价，这样的自我评价显示出了他的高尚品质。

与 1840 年时的海斯一样，1876 年时的海斯仍然非常谦逊。他非常尊重这个提名，但并未因此而沾沾自喜，也没有因为这个消息而放弃手头的工作。若从个人角度来讲，他其实更想回到弗里蒙特市，去过退休一般的惬意生活。然而，如果他所认定的责任之路是通往白宫，而这么做又可以捍卫国家荣誉的话，那么他会义无反顾地走上这条路。在收到通知后不久，海斯州长接受了提名并写下了这样的回复：

1876 年 7 月 8 日星期一
于俄亥俄州哥伦布市

尊敬的爱德华•麦克弗森先生，尊敬的威廉•A.霍华德先生，约瑟夫•雷尼先生，以及共和党全国代表大会委员会的其他成员们：

在 1876 年 6 月 17 日的官方交流中，我收到通知，在辛辛那提的共和党全国代表大会上，我被提名为美国总统候选人，我心怀感激地接受了提名，希望在上帝的保佑下，我可以当选，并不负信任地履行职责，造福国民。

竞选海报：左边为马丁·范布伦，右边为查尔斯·F. 亚当斯

约瑟夫·雷尼

我认为没有必要对公约的原则宣言进行任何进一步的审查，这些决议与我的观点一致，我衷心赞同他们所宣布的原则。然而，在几项决议中，有些问题是很重要的，我认为我应该简短地表达一下我的看法。

公约通过的第五项决议是最重要的，四十多年前，根据"战利品属于胜利者"的格言，我们的公务员制度逐渐成熟。制度规定，诚实、能力和忠诚是任职的唯一条件，而且没有其他的要求，这一制度让效忠政党成了公职人员的主要考核点。实际操作中，各党派都采用了这个制度。但出台以来，这个制度就被变相地修改了。一开始，是总统直接或通过部门领导做出所有任命，但在许多情况下，任命权力逐渐被国会议员控制。在某些情况下，公职不仅是对政党服务的奖励，而且还是对政党领导人服务的奖励。该制度破坏了政府各部门的独立性，不但打破了严格的监督和问责制，还阻碍了我们及时清除害群之马。无论从哪方面讲，它都影响了公务员的素质。我相信，对于国会的绝大多数成员来说，它都是一种令人无法忍受的制度，因此，它应该被废除。我们应该履行政府职责，必要的话，要通过立法来保障它，这也是以前的惯例……如果当选总统，我将根据这些原则管理政府，并将采用所有赋予行政长官的《宪法》权力来实行这一改革。

《辛辛那提公约》没有规定总统任期是几年，但我相信，恢复乔治·华盛顿总统建立并由早期总统继承的制度可以限制总统权力。我如果当选了总统，定不会竞选连任。

在汇率问题上，我坚持自己的观点。我认为美国所有

第26章 总统提名

有关支付公共债务的法律，包括法定货币的票据，作为一种承诺和政府的道德义务，都必须有公信力。不能兑现的纸币所带来的不确定性和不安全感是振兴商业的巨大障碍之一。这种不确定性可以以一种方式结束，即恢复特别支付。现行货币体系不稳定的持续时间越长，我们的经济利益和社会各阶层受到的伤害就会越大。如果我能当选总统，我将采取适当的措施来达到预期目的，而且不会后退。

关于公立学校制度的决议应该得到美国人民的衷心支持，在《宪法》修正案下，学校被置于海湾，所有的危险和干扰都被解除了，共和党承诺要确保这样的修正案。公约关于对国家永久和平的问题的决议，以及对所有公民自由享有《宪法》权利的完全保护，非常及时也非常重要。

南方各州的状况吸引了人们的注意，并赢得了从战争的影响中逐渐恢复过来的全国人民的同情。为保护所有阶层公民的政治权利和个人权利，他们首先需要的是政府的管理。南方最需要的是"和平"，而和平取决于法律的完善。如果一部分公民的《宪法》权利被忽视，那么和平就不会持久。仅仅因种族差异或地区差异而导致的政党分裂，是不幸甚至灾难性的。与全国各地的福利一样，南方的福利取决于它能提供的劳工、移民及资本家的投资。但劳动者不会去那里，资本家也不会去那里冒险，连《宪法》和法律都不起作用。人们的忧郁情绪取代了和谐美好的社会生活。《宪法》的所有部分都是神圣的，而且必须要认真地遵守——这些新的部分不少于旧的部分。

保障所有人的权利可以最有效地促进南方的发展，而这种承认必须是无保留、无异议的承认。只有在认识得到充分承认的情况下，只有在最高政府所有合法机构的影响下，这样的政策才能被落实。如果我当选，我不仅会把它当作我的责任，更会将其作为我的热切愿望，而且我会为实现这一目标而努力。我向南方各州的同胞们保证，如果我担负起组织一届政府的职责，那我将会组织一个尊重和珍视人民最根本利益的政府，即白人和有色人种权利平等，而且这个政府将尽全力把南北方差异永远消除。

如果我当选，我将建立一个良好的公务员系统，该系统要确保纯洁性与高效率，提供公共福利，同时，违反政府规定的公职人员将受到毫不留情的惩罚。在这种系统下，在完善的货币政策下，在不受宗教影响并免费教育的系统下，在各阶层人民友好和谐相处的社会环境下，我们有理由相信，在我们国家成立后的第二个世纪里，在上帝的保佑下，我们可以创造一个美好的时代，一个进步、繁荣和幸福的时代。

你们非常了解的同胞
海斯

就在此时，政治暴动发生了。尽管共和党在辛辛那提大会的决议和民主党在圣路易斯的决议都倡导和平，都感谢南北方的相互信任。然而，会议结束后，两个议会的决议几乎没有得到执行，双方几乎完全忽略了它。大会两周前，在华盛顿的众议院，两党之间的真正矛盾爆发了。缅因州的詹姆斯·G.布莱恩先生和乔治亚州的本

第26章 总统提名

杰明·H. 希尔先生之间爆发了一场激烈的辩论。其中，缅因州的詹姆斯·G. 布莱恩提出了极端的"北方"观点，乔治亚州的本杰明·H. 希尔则提出了关于独立权和解决南方人民苦难的"南方"思想。这些演讲犹如火种，燃起了分歧的火焰，再次引发了内战中的仇恨。

这两个人都成了强大的派系领袖，分别代表着两党的极端分子。詹姆斯·G. 布莱恩精明能干，深得公众信任，因此被共和党提名为总统候选人，本杰明·H. 希尔则成为民主党委员会中最有影响力的领袖。然而，在我们国家，一些人总觉得南北之间的旧恨应该得到化解，公务员改革、恢复国民信心和随之而来的繁荣才是最重要的。海斯就是这类人中的典型代表，肯塔基州的本杰明·H. 布里斯托先生也被视为这种思想的代表人物。这位文质彬彬、谦逊的俄亥俄州州长最受共和党人的推崇。因此，在詹姆斯·G. 布莱恩、本杰明·H. 布里斯托、列维·P. 莫顿、弗雷德里克·A. 康科林和哈特兰夫特等人的演讲后，共和党最终选择了海斯州长作为他们的代表。

民主党则提名纽约市市长塞缪尔·J. 蒂尔登为总统候选人。尽管塞缪尔·J. 蒂尔登经常受到共和党媒体和共和党演说家的攻击，而且在某些问题上，他比谨慎、没有野心的俄亥俄州州长更容易受到诽谤，但事实证明，这些对塞缪尔·J. 蒂尔登的指控都是毫无根据的。他是一个可敬的、诚实的人，也是一位能干的政治家和一位真诚的"改革家"。

面对来自共和党的攻击，塞缪尔·J. 蒂尔登变得更加强大。他的一些追随者也相信他会获胜。的确，《公约》的各项决议几乎没有受到"激励性的政党拉票者"的注意。而且虽然共和党发言人认为有必要恢复旧恨，指责南方人的背叛、不忠、奴役、无知，并宣布一个人如果对国家不忠，那就不适合参与国家事务。但同时民主

詹姆斯·G. 布莱恩

本杰明·H. 希尔

本杰明·H. 布里斯托

第 26 章 总统提名

党认为，他们似乎需要废除共和党在南方各州的"黑人规则"，因为只有这样，他们才会实现最终理想。

这的确是一场激烈的竞选，甚至影响到了合众国的存亡断续。对海斯州长来说，这令人非常不快。尽管他的支持者经常催促他，而且塞缪尔·J.蒂尔登也经常发出挑战，但他仍然保持沉默。有时，他会在私人通信中流露出自己坚持承诺的态度，以及对于双方为获得统治权而采取的措施的厌恶。他不会同情那些通过武装叛乱及内部斗争搞破坏的阶级。

海斯州长明智地看到了这一点，而且能够感同身受。政治风暴在他周围肆虐。人们说他已经被卷了进去。有些人宣称他是高高兴兴、心甘情愿地参与其中，并为此放弃了他以前的所有事业。但他们低估了海斯州长的诚实和勇敢，他确实保持了沉默，也的确不太想竞选总统，而且如果塞缪尔·J.蒂尔登成功当选，他也会非常开心。不过，当最后的结果公布后，我们发现，虽然海斯州长当时的心情很复杂，但他既没有畏惧，也没有放弃原则，更没有改变他的爱国情怀。他遇事处变不惊，就更不可能是右翼狂热分子了。

第 27 章
总统大选与就职典礼

选举委员会——海斯就任总统——参议院——演讲——开放的新一届政府

1876年11月8日至1877年2月28日，双方公布的选举结果一直令人怀疑。如果人民直接投票给总统候选人，那么塞缪尔·J.蒂尔登就会当选为总统，因为塞缪尔·J.蒂尔登获得的票数比海斯州长多。由于选举团的存在，任何党在某一个州所取得的一票多数都毫无用处，若想确保总统职位的万无一失，毫无疑问必须在除南卡罗来纳州、路易斯安那州和佛罗里达州之外的大多数州都取得一票多数的优势，因为总统均由选举团的多数票产生。

除了南卡罗来纳州、佛罗里达州和路易斯安那州，除了以一种可笑的尝试获得了俄勒冈州的选举人票，共和党仍然以在其他州的绝对优势锁定了最后的胜局。

选举公布后的几天里，公众的注意力都集中在这三个南方州。国家的事务似乎都中止了，人们都在焦急地等待着计算结果。其间，各种谣言漫天飞，既有战争的威胁，也有分裂的宣传。

针对这个问题，国会暂时搁置了其他事务，重新讨论和投票，商定解决方案。调查、委员会议和群众会议增加了人们的兴奋程度，军队匆忙地进驻骚乱的州，华盛顿开放营地，多疑的游击队员和胆怯的爱国者们认为这是革命的象征，或是君主制的象征。

第 27 章 总统大选与就职典礼

与此同时，南卡罗来纳州、佛罗里达州和路易斯安那州的选票被提交给每个州的选举委员会。每个委员会的大多数成员都是共和党人，而且由于他们有权拒绝投票，因此他们有权只计算他们满意的选票。在这些委员会开会期间，有人以贿赂、暗杀进行威胁，就连法院也下达了禁令。

塞缪尔·J. 蒂尔登先生已经确定的选票有一百八十三张，但他还需要从有争议的州中获得一票。人们期望他得到这一票，抑或海斯能够得到这一票。人们可能永远无法得知这三个州的实际投票结果，因为那里的竞争非常激烈，双方采取的方法非常野蛮暴力，不知有多少选票是通过恐吓和谋杀得到的，又有多少是应该由委员会计算的弃票。历史学家可以有把握地说，这次竞选的结果是每一个州的选举委员会都宣布参选，而且共和党的选举人被选中了。

两党候选人都声称在这场选举中获得了胜利，并在南卡罗来纳州和路易斯安那州组建了对立的立法机构。竞争对手选举团会议的结果是把整个争论都抛到了国会那里，国会必须清点每张选票，并宣布谁当选总统。两个选举团都把选票投给了副总统，国会必须决定应该计算哪一个。对于这种情况，《宪法》没有做出相应规定，经过长时间的激烈讨论，国会终于把这个问题交给了一个由五名参议院议员，五名众议院议员和五名最高法院法官组成的委员会。

这项措施十分明智，因为它成功避免了内战。不过，即便如此，政党政治仍然影响着总统和国会，在呈递至选举委员会前，每一项事务都必须由民主党人投票通过，共和党也是如此。巧的是选举委员会中有七人属于民主党，八人则来自共和党。

最终，南卡罗来纳州、佛罗里达州和路易斯安那州的选票计算问题，以及国会提交的其他各州选票计算中的技术问题都得到了解

选举海报：左边为拉瑟福德·伯查德·海斯州长，右边为 WM.A. 惠勒

塞缪尔·J. 蒂尔登

决，根据"胜者全得"原则，共和党赢得上述三个州所有选举人票。因此，选举委员会以多数投票裁定选举团中的拉瑟福德·伯查德·海斯赢得总统选举。

虽然国会有权废除委员会的诉讼程序，但由于民主党占众议院的多数席位，爱国主义战胜了党派偏见，所以该决议得以维持。反之，如果选出新任总统的计票工作无法在尤利西斯·格兰特总统任期结束前完成，那就有可能导致两党的不和与斗争。随后，参议院的共和党人承认了委员会的决定。参议院同众议院必须在正式的计票中联合起来以确保计票结果的公正性。

虽然这场激烈的竞争仍在继续，但时任俄亥俄州州长的海斯将军仍然在俄亥俄州首府哥伦布市平静而愉快地处理着日常事务，根

选举委员会解决有争议的总统选举

第27章 总统大选与就职典礼

本不提总统竞选之事，也不发表任何对自己有利的言论来影响人民和国会的选择，他希望这场总统之争能够公正而和平地解决。

不过，当两党都承认了他的当选，宣布他为合法总统后，他立刻毫不犹豫地接受了任命。当选举委员会关于这次计票纠纷的最终裁决传到海斯将军耳中后，尽管众议院民主党能否在1878年3月4日之前及时完成其他各州的投票以确定海斯当选为总统的合法性还是个未知数，但他还是立刻动身前往首都华盛顿。最终，计票完成。1878年3月4日3时，国会连夜召开会议，正式宣布海斯当选总统。这个消息传来时，海斯将军正在卧铺车中酣睡。同行人员叫醒了他，告知他当选总统的消息，但他似乎并不如同行人员一样激动，翻了翻身之后，他便继续睡觉了。进入华盛顿时，他就如同亚伯拉罕·林肯总统一样平静而低调，在车站，来迎接海斯总统一行人的官员同他进行了会面。

尤利西斯·格兰特总统搬出白宫之前，海斯总统一直借住在担任俄亥俄州参议员的朋友威廉·特库姆塞·谢尔曼家中。1878年3月4日，星期日，国会投票通过了拉瑟福德·伯查德·海斯的总统任命，按照已有的传统，尽管尚未明文宣布，但在随后的星期一，海斯总统就应该宣誓就任美国总统。在美国历史上，这是极其重要的一天，它完全可以与《独立宣言》的签署和罗伯特·E. 李的投降相提并论。

这一天的天气就像共和党的近况一般。一开始，阴云密布，狂风暴雨呼啸着似乎要淹没大地。突然，就在就职典礼开始的那一瞬，乌云散去，温暖的阳光透过云层将光芒投向冰冷的城市，那些隐匿在黑暗中的建筑突然迸发出耀眼的光芒。

此刻的华盛顿特区正是美利坚合众国的一个缩影，它映射出了美国近代历史的各阶段及当时人们的心情。

新任总统和前总统从白宫的门廊前走过，加入在宾夕法尼亚大道举行的就职典礼的长队中。他们穿行在一群群衣衫褴褛的男人、面色苍白的女人和被忽视的孩子们中间。对这位总统来说，他们是国家财政困难的证明，也是希望的曙光。这些可怜的人挥舞着破旧的帽子、手帕，高举双手，用他们微弱的声音为这位新任的美国总统欢呼喝彩，他们相信这一天是和平与美好生活的第一天。会的，他们会看到人们停止争论，友好相处的；不久之后，他们就能看到公共企业里的资本家。在南方的农业生产、东部的工厂制造业和西部的采矿业之间，商业贸易将会再次展开，工厂再次运转，粮食产量增加，货船满载，铁路穿过茂密的森林，棉花覆盖了南方的田野。所有途径都能让工人们和企业家感到舒适，同时，他们也看到了财富。长久以来，他们都被迫到处寻找安身立命之处，他们口中讲述着同样的故事：没有生意，没有工作，没有面包。此前，政治家们互相攻击，立法者们争吵不休，资本家们囤积财富。就在那一天，人们心中的希望终于化作声声呐喊，人们渴望的繁荣与和平即将到来。海斯总统向他们保证过，这些都会有的，因为这句承诺，他们选择了他。

　　整齐划一的游行军队中，各种旗帜飘扬，标语翻飞，马枪锃亮，大炮缓缓地驶过巨大的门廊和财政部前方的圆柱，一千名黑人男性和女性向海斯总统致以最热烈、最真诚——真诚到近乎虔诚——的敬意。他们虽然早已从锁链中解脱，但因为没有文化和技能，也就无法谋生，只能眼睁睁地陷入贫困。他们想要工作，想要教育机会，想要白人的善意，想要从白人联盟的恐惧中解脱出来。在军事保护区，他们期待着这些改变的。过去的六年间，他们不断尝试，却不断失败。他们同样渴望基于自信与共同利益的和平，因为以武力维

第27章 总统大选与就职典礼

持的和平意味着挨饿。现在,他们由衷地高兴,因为这位新总统向所有人承诺了和平的到来。

前来观看盛大游行、庆祝新总统上任的人群将街道堵得水泄不通。海斯总统走过威拉德酒店,那里聚集着许多曾经在血流成河的战场上反抗这个国家的人。这些人也同样渴望和平,并且相信和平一定会到来。因为曾经目睹了战争的残酷,尝过战争带来的痛苦,所以他们更加厌恶战争,也更希望在战争的废墟上重建美好家园。虽然他们想要用各类工厂来代替南北之间的隔阂,但他们傲慢而充满仇恨。他们试着去忘记,但他们的周围充斥着可怕的战后废墟,以及征服者的侮辱,这使他们的仇恨难以消弭。现在,他们看到这个性情温和的人向他们鞠躬,满怀希望地望着他们。

威拉德酒店

接下来是野心勃勃的北方民主党人,对于海斯总统的当选,他们表现出了难以自抑的阴郁和悲伤。投机者和谋求上位者瑟瑟发抖,唯恐这个不知名的人真如他表现出来的那样诚实、爱国、充满热情。他们还可以从人们的穿着中嗅到刚刚过去的战争气味,但国家获得统一后,那些政治投机者和顽固守旧分子失去了他们的用武之地。

海斯总统还未到达国会大厦之前,由于在总统竞选活动中的印象,人们普遍认为他是一个软弱和胆怯的人,但当他走进国会大厦

总统任上的拉瑟福德·伯查德·海斯

第27章 总统大选与就职典礼

后，这种印象很快被驱散了。人们看到了一位稳重大气的总统，他那坚毅的面庞上闪烁着耀眼的光芒。

参议院拥挤的议会厅中，全美国最有才干的人环绕在海斯总统身边，这片土地上最优雅的女士们热情地凝视着他，来自五湖四海的各位代表注视着他，而他则端坐着，就好像早已习惯被人群如此监视一般。但在几年前，他还是俄亥俄州的一名普通公民，在他本人的感觉中，他还认为自己是一个乡下学生。对他来说，除了面前妻子那熟悉的面容外，今天的一切是如此陌生而不可思议。他还记得几年前，在特拉华那个明媚的春日里，他向她求了婚……

很快，会议结束了，人们纷纷涌向国会大厦前的拱门聆听这位新总统的讲话。作为人民的公仆，海斯总统在这里向美国公民庄严宣誓。他沉着冷静，一边和身旁的官员愉快地交谈着，一边通过雄伟的拱门，步下一级级台阶，走下白宫的前廊，来到白宫前方的草坪上，在那里，他可以看见汹涌的人潮从四面八方涌来。他脱下外套，安坐于尤利西斯·格兰特总统旁边。待人群恢复平静后，他站了起来，面向身着庄严长袍的首席大法官，高举右手，向所有在场的美国人民——无论富贵抑或贫穷——宣誓他将遵守并维护《宪法》，做好美国人民的公仆。随后，他转身向群众讲话。他说他理解人民的希望和迫切需要，人民才是国家的主人，他知道人民希望通过他以正义、节制、关心和诚实来统治国家。在他结束讲话的刹那，欢呼声如激流拍打礁石般从人群中轰鸣而来，排列成阵的将士们精神抖擞，姿态昂扬，女士们挥舞着面纱，男士们则把帽子高高抛起，军乐队奏响礼乐，礼炮轰鸣。此刻，这个曾经被称为只有他母亲才把他当宝贝的人成为美国总统。汹涌的人潮在公园与大道上涌动，不一会儿便慢慢地疏散到了其他大道和附近街区的大街小巷。

在这届政府组阁之始，对于诸位没有党派倾向的内阁部长来说，总统是一个保守、谨慎且富有才能的人。尊敬的约翰·谢尔曼先生任财政部部长，卡尔·舒尔茨先生任内政部部长，大卫·M.克伊先生任邮政总局局长，理查德·W.汤普森先生任海军部部长，查尔斯·戴文斯将军任检察总长，乔治·W.麦克克里先生任作战部部长，威廉·M.埃瓦茨先生任国务卿。

在之后的美国政治生活中，美国人民很难再见到这样的政府了。这届政府的人正直，饱含爱国热情，一心一意为人民服务。

回望过去，我们会发现，在美国历史上，海斯总统宣誓就职的那一天是多么美好啊！那是争斗结束的日子，是重燃希望的日子。当时，大街上激动人心的奏乐、壮观的游行队伍、绚丽的彩带、横幅与烛火闪闪的灯笼，将美国编织成一片欢乐的海洋。大街小巷全是人们明亮的面孔和欢快的笑声，这种欢乐表现在全国人民灿烂的笑脸之上，这其中也包括两大政党的支持者们。漫长而不安的等待结束了，国家得救了，国家政权又重新掌握在人民可以信赖的领导人手中，美国的每一寸土地上都洋溢着幸福与快乐。

译名英汉对照

Calvin T. Hulburd	加尔文·T. 赫尔伯德
Capt. Looker	卢克上尉
David Davis	大卫·戴维斯
John Baliol	约翰·巴利奥尔
Ohio	俄亥俄州
Robert Bruce	罗伯特·布鲁斯
Sarah Lee	萨拉·李
Scioto	塞奥托河
South Mountain	南山
Texas	得克萨斯州
Zachary Taylor	扎卡里·泰勒
A.J. Redway	A.J. 瑞德威
Aaron Bancroft	亚伦·班克罗夫特
Aaron Burr	阿伦·伯尔
Aaron F. Perry	亚伦·F. 佩里
Abraham Lincoln	亚伯拉罕·林肯
Alexander Mason	亚历山大·赛姆斯
Alexander Stephens	亚历山大·史蒂芬森
Alfred E. Lee	阿尔弗雷德·E. 李
Alfred Gilmore	阿尔弗雷德·吉尔摩
Alfred T. Goshorne	阿尔弗雷德·T. 高舍恩
Allen G. Thurman	艾伦·G. 瑟曼
Anderson	安德森
Andrew Jackson	安德鲁·杰克逊

Andrew Johnson	安德鲁·约翰逊
Antietam	安提特姆
Army of the Potomac	波多马克军团
Atlanta	亚特兰大
Baker	贝克
Baltimore	巴尔的摩
Barnesville	巴恩斯维尔
Beach	比奇
Berkshire	伯克希尔
Big Sewell Mountain	大赛维尔山
Bill	比尔
Bixby	比克斯比
Bodurtha	波德特
Boston Massacre	波士顿惨案
Bradley Francis Granger	布拉德利·弗朗西斯·格兰杰
Brattleboro	布拉特尔伯勒
Braxton Bragg	布瑞克斯顿·布拉格
Brussels	布鲁塞尔
Buffington's Island	巴芬顿岛
Buford's Gap	布福德缺口
Bunker Hill	邦克山
Cambridge	剑桥
Carnifex Ferry	卡尼菲克斯渡口
Cary	卡里
Catoctin Valley	凯拓克廷谷
Cedar Creek	锡达溪
Charles Devens	查尔斯·戴文斯
Charles Francis Adams	查尔斯·F. 亚当斯
Charles Sumner	查尔斯·萨姆纳
Charleston	查尔斯顿
Chesterfield	切斯特菲尔德
Chicago	芝加哥
Chief Justice S. P. Chase	大法官 S.P. 蔡斯

Chillicothe	奇利科西
Cincinnati	辛辛那提
Cincinnati Literary Club	辛辛那提文学俱乐部
Civil Rights Bill	《民权法案》
Clarksburg	克拉克斯堡
Clay	克莱
Clement L. Vallandigham	克莱门特·L. 瓦兰迪格姆
Cobletown	凯布尔镇
Columbus	哥伦布市
Concord	康科德
Confederate Army	邦联军
Congress	美国国会
Connecticut	康涅狄格州
Constitution	《宪法》
Cornwallis	康沃利斯
D. H. Hill	D.H. 希尔
Dabney H. Mary	达布尼·H. 毛利
Daniel Hayes	丹尼尔·海斯
Daniel McCook	丹尼尔·麦克库克
Daniel Webster	丹尼尔·韦伯斯特
David Rose Locke	大卫·罗斯·洛克
Davidson Fountain	戴维森喷泉
Declaration of Independence	《独立宣言》
Delaware	特拉华
Democratic party	民主党（美国）
Dixon	迪克逊
E.C. Vining	E.C. 威宁
Early	厄尔利
Edward F. Noyes	爱德华·F. 诺伊斯
Edward Henry Hobson	爱德华·亨利·霍布森
Edward McPherson	爱德华·麦克弗森
Edwin M. Stanton	埃德温·M. 斯坦顿
Eggleston	埃格尔斯顿

Eliakim P. Scammon	埃利亚克姆·P.斯卡蒙
Emory	埃默里
Ezekiel Hayes	伊齐基尔·海斯
Fannie Hayes	范妮·海斯
Fayetteville	费耶特维尔
Fifteenth Amendment	《第十五修正案》
Findlay	芬德雷士
Fisher's Hill	费舍尔山
Florida	佛罗里达州
Fort Sumter	萨姆特堡
Franklin Pierce	富兰克林·皮尔斯
Franz Sigel	弗朗茨·西格尔
Frederick A. Conkling	弗雷德里克·A.康科林
Frederick Douglass	弗雷德里克·道格拉斯
Frederick. E. Woodbridge	弗雷德里克·E.伍德布里奇
Fredericksburg	弗雷德里克斯堡
Fremont	弗里蒙特市
Friedrich Hassaurek	弗里德里希·哈索尔克
Gallipolis	加利波利斯
Gambier	干比尔
Geghan Bill	《基恩法案》
Gen. Gary	加里将军
Gen. John Pope	约翰·薄柏将军
Gen. Manning F. Force	曼宁·F.福斯将军
Gen. Ward	沃德将军
Gen. Wright	赖特将军
Gen.George Crook	乔治·克鲁克将军
George Grant	乔治·格兰特
George H. Pendleton	乔治·H.彭德尔顿
George Hayes	乔治·海斯
George Mason	乔治·曼森
George McClellan	乔治·麦克莱伦
George S. Boutwell	乔治·鲍特韦尔

George S. Boutwell	乔治·S. 布特维尔
Georgia	乔治亚州
Glendale	格兰岱尔
Godfrey Weitzel	戈弗雷·魏茨尔
Gordon	戈登
Gordonville	戈登维尔
Granby	格兰比
Grover	格罗弗
Halltown	霍尔顿
Harrisburg	哈里斯堡
Hartranft	哈特兰夫特
Harvard Law School	哈佛法学院
Hazen Stuart Pingree	海森·斯图亚特·平里
Henry Howard	亨利·霍华德
Henry Martyn Spofford	亨利·马丁·斯波福德
Henry Roymond	亨利·雷蒙德
Henry Wadsworth Longfellow	亨利·华斯华兹·朗费罗
Henry Wilson	亨利·威尔森
Hoadley	霍德利
Hon. Benjamin H. Bristow	本杰明·H. 布里斯托先生
Hon. Benjamin H. Hill	本杰明·H. 希尔先生
Hon. Carl Schurz	卡尔·舒尔茨先生
Hon. Charles P. Ames	查尔斯·P. 艾米斯先生
Hon. David M. Key	大卫·M. 克伊先生
Hon. De Thew Wright	德修·怀特先生
Hon. George W. McCrary	乔治·W. 麦克克里先生
Hon. James G. Blaine	詹姆斯·G. 布莱恩先生
Hon. R. M. Corwin	R.M. 卡文先生
Hon. Richard W. Thompson	理查德·W. 汤普森先生
Hon. William M. Evarts	威廉·M· 埃瓦茨先生
Hon.B.F.Wade	B.F. 韦德先生
Isaac Harding Duval	艾萨克·哈丁·杜瓦尔
Israel Putnam	以色列·普特南

Jacob D. Cox	雅各布·D.考克斯
James A. Garfield	詹姆斯·A.加菲尔德
James Brewerton Ricketts	詹姆斯·布鲁顿·里基茨
James Buchanan	詹姆斯·布坎南
James Deering Fessenden	詹姆斯·德林·费森登
James F. Wade	詹姆斯·F.韦德
James Findley Schenck	詹姆斯·芬德利·申克
James K. Kelly	詹姆斯·K.凯利
James K. Polk	詹姆斯·诺克斯·波尔克
James Lawrence Orr	詹姆斯·劳伦斯·奥尔
James Longstreet	詹姆斯·朗斯特里特
James Madison	詹姆斯·麦迪逊
James River	詹姆斯河
James Webb	詹姆斯·韦伯
James William Forsyth	詹姆斯·威廉·福赛斯
Jefferson Davis	杰斐逊·戴维斯
Jewett	朱厄特
John Hunt Morgan	约翰·亨特·摩根
John Adams	约翰·亚当斯
John Birchard	约翰·伯查德
John C. Calhoun	约翰·C.卡尔霍恩
John Dix	约翰·迪克斯
John Hoge Ewing	约翰·霍吉·尤因
John Martin Broomall	约翰·马丁·布鲁莫尔
John Quincy Adams	约翰·昆西·詹姆斯
John Schofield	约翰·斯科菲尔德
John Slidell	约翰·斯莱德尔
John W.Herron	约翰·W.赫伦
Joseph C. Bulter	约瑟夫·C.巴特勒
Joseph Rainey	约瑟夫·雷尼
Joseph Thoburn	约瑟夫·索伯恩
Joshua Woodrow Sill	约书亚·伍德罗·西尔
Judge M. D. Oliver	M.D.奥利弗法官

Kanawha River	卡纳瓦河
Kentucky	肯塔基州
Kenyon College	凯尼恩学院
Kernstown	科恩斯镇
Kershaw	克肖
Kirby Smith	柯比·史密斯
Knoxville	诺克斯维尔
Lafayette McLaws	拉法耶特·麦克罗斯
Lamb & Little	兰姆 & 利特尔
Lawrence County	劳伦斯城
Lebanon	莱巴嫩
Leopold Markbreit	列奥波多·马克布莱特
Levi P. Morton	列维·P. 莫顿
Lewis Compell	路易斯·坎伯
Lexington	列克星敦
Liberal Republicans	自由派共和党人
Lorenzo Hayes	劳伦佐·海斯
Louisiana	路易斯安那州
Lovell Rousseau	洛弗尔·卢梭
Lucius Quinctius Cincinnatus	卢修斯·昆奎斯·辛辛那图斯
Lucy Ware Webb	露西·韦尔·韦伯
Lyman Trumbull	莱曼·特朗布尔
Lynchburg	林奇堡
M.H. White	M.H. 怀特
Maine	缅因州
Mansanutten	曼萨努藤
Marietta	玛丽埃塔
Marion	马里昂
Martin Van Buren	马丁·范布伦
Martinsburg	马丁斯
Maryland	马里兰州
Massachusetts	马萨诸塞州
McCullough	麦卡洛

Messrs	梅斯
Messrs. Howe	麦瑟斯·豪
Middletown	米德尔顿
Middletown	米德尔顿
Miles	迈尔斯
Mitchell	米歇尔
Mr. Geghan	基恩先生
Mr. Huges	休斯先生
Mr. Jenks	詹克森先生
Mr. Julian	朱利安先生
Mr. Lawrence	劳伦斯先生
Mr. Le Blond	勒布朗先生
Mr. Murphy	墨菲先生
Mr. Tappan	塔潘先生
Mrs. Abby Hayes Robbins	艾比·海斯·罗宾斯夫人
Mrs. Belinda Elliott	贝琳达·海斯·埃利奥特夫人
Mrs. Clarissa Hayes Moody	克拉瑞萨·海斯·穆迪夫人
Mrs. Fannie Hayes Smith	范妮·海斯·史密斯夫人
Mrs. Polly Noyes	波莉·海斯·诺杰斯夫人
Mrs. S. M. Kilbourne	S.M. 凯尔布尼夫人
Mrs. Sarah Hayes Bancroft	莎拉·海斯·班克鲁夫特夫人
Mrs. Ursina Smith Wasson	厄斯纳·史密斯·沃森夫人
Murat Halstead	穆拉特·霍尔斯德特
Nancy Farrar	南希·法拉
New England	新英格兰
New Hampshire	新罕布什尔州
New Haven	纽黑文
New Orleans	新奥尔良
North Carolina	北卡罗来纳州
North Mountain	北山
Norwich	诺维奇
Olentangy River	奥伦丹吉河
Oliver P. Morton	奥利弗·P. 莫尔顿

译名英汉对照

Oliver W. Holmes	奥利弗·W. 霍姆斯
Opequan	欧派全
Paul Jones	保罗·琼斯
Payne	佩恩
Pennsylvania	宾夕法尼亚州
Peter Force	彼得·福斯
Philadelphia	费城
Philip Sheridan	菲利普·谢里丹
Piketon	派克顿
Pomeroy	波默罗伊
Ralph Pomery Buckland	罗尔夫·波默罗伊·巴克兰
Ranny	兰尼
Republican party	共和党
Reuben H. Stephenson	鲁本·H. 斯蒂芬森
Rheen	瑞恩
Richard Hayes	理查德·海斯
Richmond	里士满
Ripley	里普利
Robert Anderson	罗伯特·安德森
Robert Burns	罗伯特·彭斯
Robert E. Lee	罗伯特·E. 李
Robert Todd Lytle	罗伯特·托德·莱特尔
Robert Toombs	罗伯特·图姆斯
Robert W. Burnett	罗伯特·W. 伯内特
Rodes	罗兹
Ruophus Dickinson	阿道弗斯·迪肯森
Pontiac	庞蒂亚克
Rutherford Birchard Hayes	拉瑟福德·伯查德·海斯
Rutherford Hayes	拉瑟福德·海斯
Rutherford P. Hayes	拉瑟福德·P. 海斯
Salem	塞勒姆
Samuel Butler	塞缪尔·巴特勒
Samuel Garland Jr	小塞缪尔·加兰德

Samuel J. Tilden	塞缪尔·J. 蒂尔登
Samuel R. Reed	萨缪尔·R. 瑞德
Sandusky Street	桑达斯基大街
Sardis Birchard	萨迪斯·伯查德
Scott Hayes	司考特·海斯
Seward	西沃德
Shackelford	沙克尔福德
Shenandoah	谢南多厄
Simsbury	锡姆斯伯里
Smith	史密斯
Snicker's Gap	斯科尼山口
Sophia Birchard	索菲亚·伯查德
South Carolina	南卡罗来纳州
Speaker Kerr	斯皮克·科尔
Stanly Mathews	斯坦利·马修
Staunton	斯汤顿
Stephen G. Cleveland	史蒂芬·G. 克利夫兰
Surgeon-Gen. Weber	军医处处长韦伯医生
T.C. Jones	T.C. 琼斯
Tammany Hall	慕尼黑协会
The Cincinnati Gazette	《辛辛那提公报》
Thomas B. Macaulay	托马斯·B. 麦考利
Thomas Ewing	托马斯·尤因先生
Thomas Hawkins	托马斯·霍金斯
Thomas Hendricks	托马斯·亨德里克斯
Thomas Jefferson	托马斯·杰斐逊
Thomas Jonathan Jackson	托马斯·乔纳斯·杰克逊
Thomas Sparrow	托马斯·斯帕罗
Tod Robinson Caldwell	托德·罗宾逊·考德威尔
Turner's Gap	特纳斯缺口
Ulysses Grant	尤利西斯·格兰特
Union Army	联邦军
United States Supreme Court	美国最高法院

JUrsina Smith	厄斯那·史密斯
Vermont	佛蒙特州
Vicksburg	维克斯堡
Webb	韦伯
Webb Hayes	韦伯·海斯
West Point	西点军校
West Virginia	西弗吉尼亚州
Whig party	辉格党
William A. Howard	威廉·A. 霍华德
William A. Platt	威廉·A. 帕拉特
William Allen	威廉·艾伦
William Charles Steadman	威廉·查尔斯·斯特德曼
William E.Finck	威廉·E. 芬克
William H. Muzzey	威廉·H. 慕兹
William H.Taft	威廉·H. 塔夫脱
William Heath	威廉·希恩
William Henry Harrison	威廉·亨利·哈里森
William Johnson	威廉·约翰逊
William Rogers	威廉·罗杰斯
William Rosecrans	威廉·罗斯克兰斯
William S.Groesbeck	威廉·S. 格罗斯贝克
William Tecumseh Sherman	威廉·特库姆塞·谢尔曼
William Wallace	威廉·华莱士
Williams Street	威廉姆斯大街
Wilmington	威明顿
Winchester	温彻斯特
Windsor	温莎
Wisconsin	威斯康辛州
WM. A. Wheeler	WM.A. 惠勒
Zanesville	曾斯维尔
William T. Crump	威廉·T. 科伦普
William Henry Smith	威廉·亨利·史密斯
Chief Justice Waite	首席大法官韦特

George Bancroft	乔治·班克鲁夫特
Dolly Madison	多莉·麦迪逊
Thomas Wentworth Higginson	托马斯·温特沃斯·希金森
Tennyson	丹尼森
Thomas Woodrow Wilson	托马斯·伍德罗·威尔逊
Daniel Huntington	丹尼尔·亨廷顿
Chester Alan Arthur	切斯特·艾伦·阿瑟
Mitchell	米歇尔
Lucy Hayes Herron	露西·海斯·赫伦
William E. Sweet	威廉·E. 斯威特
Felix Mendelssohn	费利克斯·门德尔松
Emily Platt	艾米丽·普拉特
Russell Hastings	拉塞尔·黑斯廷斯
Rockford	罗克福德
Bishop Jagger	贾格尔主教
Warden	沃登
General R. D. Mussey	R.D. 马西将军
Henry Reed	亨利·瑞德
Professor Cleveland Abbe	克利夫兰·阿贝教授
General T. C. H. Smith	T.C.H. 史密斯将军
William Guilford	威廉·吉尔福德
A.R. Spofford	A.R. 斯波福德
Henry Borden	亨利·博登
John Hatch	约翰·哈奇
Aaron Dutton	亚伦·杜顿
Long Branch	朗布兰奇
James Monroe	詹姆斯·门罗
James Garfield	詹姆斯·加菲尔德
Sandusky River	桑塔斯基河
Lake Erie	伊利湖
Colonel Bradstreet	布拉德斯特上校
Gen. Thomas Gage	托马斯·盖奇将军